POR AMOR

JEHOVÁ NISSI · JEHOVÁ RAPHA
JEHOVÁ SHAMMAH · EL-ELYON · ADONAI
EL-SHADDAI · JEHOVA SHALOM · JEHOVÁ-RAAH

DE SU

JEHOVÁ TDSIKENÚ · QANNA · JEHOVÁ SABBAOTH
JEHOVÁ MEKKODISHKEM · EL-OLAM
ELOHIM · JEHOVÁ JIREH
YAHVÉH

NOMBRE

CATHERINE SCHERALDI
Y JEANINE MARTÍNEZ

POR AMOR

JEHOVÁ NISSI · JEHOVÁ RAPHA
JEHOVÁ SHAMMAH · EL-ELYON · ADONAI
EL-SHADDAI · JEHOVA SHALOM · JEHOVÁ-RAAH

DE SU

JEHOVÁ TDSIKENÚ · QANNA · JEHOVÁ SABBAOTH
JEHOVÁ MEKKODISHKEM · EL-OLAM
ELOHIM · JEHOVÁ JIREH
YAHVÉH

NOMBRE

UN ESTUDIO BÍBLICO DE LOS
NOMBRES HEBREOS DE DIOS

B&H
BHESPAÑOL.COM

Por amor de Su nombre: Un estudio bíblico de los nombres hebreos de Dios

Copyright © 2021 por Catherine Scheraldi y Jeanine Martínez
Todos los derechos reservados.
Derechos internacionales registrados.

B&H Publishing Group
Nashville, TN 37234

Diseño de portada por Alexis Ward
Editado por Grupo Scribere

Director editorial: Giancarlo Montemayor
Coordinadora de proyectos: Cristina O'Shee

Clasificación Decimal Dewey: 231
Clasifíquese: NOMBRES DE DIOS/NOMBRES PERSONALES/NOMBRES

A menos que se indique de otra manera, las citas bíblicas se tomaron de
LA BIBLIA DE LAS AMÉRICAS, © 1986, 1995, 1997 por The Lockman
Foundation. Usadas con permiso.

Las citas bíblicas marcadas NBLA se tomaron de la Nueva Biblia de las Américas
(NBLA) Copyright © 2005 por The Lockman Foundation. Usadas con permiso.

Las citas bíblicas marcadas RVR1960 se tomaron de la versión *Reina-Valera 1960* ®
© 1960 por Sociedades Bíblicas en América Latina; © renovado 1988 Sociedades
Bíblicas Unidas. Usadas con permiso. *Reina-Valera 1960* ® es una marca registrada
de las Sociedades Bíblicas Unidas y puede ser usada solo bajo licencia.

Las citas bíblicas marcadas NVI se tomaron de La Santa Biblia,
Nueva Versión Internacional®, © 1999 por Biblica, Inc.®.
Usadas con permiso. Todos los derechos reservados.

ISBN: 978-1-0877-3843-7

Impreso en EE. UU.
1 2 3 4 5 * 24 23 22 21

Contenido

Unificación de criterios   7

Introducción   11

PARTE I

SEMANA 1: *EL-SHADDAI:* Señor Dios todopoderoso   17

SEMANA 2: *EL-ELYON:* Dios altísimo, el exaltado   31

SEMANA 3: *ADONAI:* Señor y maestro, el soberano   51

SEMANA 4: *YAHVÉH* (JEHOVÁ): El autoexistente, el Señor   71

SEMANA 5: *JEHOVÁ JIREH:* El Dios proveedor   93

SEMANA 6: *JEHOVÁ RAPHA:* El Dios sanador o restaurador 107

SEMANA 7: *JEHOVÁ SHALOM:* Dios es nuestra paz   125

PARTE II

SEMANA 8: *JEHOVÁ TDSIKENÚ:* EL SEÑOR ES NUESTRA JUSTICIA,
NUESTRA DIESTRA: *Jehová nissi*: El Señor es nuestro
estandarte.   139

SEMANA 9: *JEHOVÁ MEKKODISHKEM:* El Señor que te santifica 163

SEMANA 10: *EL-OLAM Y SHAMMAH:* Dios eterno, el Señor
que es y está allí   191

SEMANA 11: *JEHOVÁ QANNA Y SABBAOTH:* El Señor es celoso
y el Señor de los ejércitos 221
SEMANA 12: *JEHOVÁ RAAH:* El Señor es mi pastor 255

Conclusión 279
Aplicaciones finales 281
Bibliografía 285

Unificación de criterios

A l hacer un estudio bíblico temático, es importante establecer un criterio unificado de qué significa cada parte del estudio y cuál es su propósito. Si tienes este escrito en tus manos, ya sea para estudio personal o con una comunidad de hermanos, queremos animarte a profundizar. Lo importante no es solo terminar el estudio (nadie te cuenta el tiempo), sino también que aprendas y profundices las enseñanzas. Más que esto, que pongas en práctica esos aprendizajes.

A continuación, compartimos algunos lineamientos para realizar estudios temáticos sin ignorar las características de la teología bíblica. Esperamos que estas orientaciones sean de utilidad y aporten claridad tanto para el presente estudio como para algún otro que emprendas.

Partes del estudio:

1. Observación
   - Generalmente, buscamos ponernos en los zapatos de la audiencia original, de quienes vivieron los hechos y los describen y del autor y su intención al plasmar esta revelación inspirada por Dios.

2. Interpretación
   • Contexto histórico
   • Contexto canónico
3. Aplicación

Hemos incluido algunas <u>preguntas estándares distribuidas en todo el estudio</u>. A continuación, proveemos una explicación para que puedas sacar mayor provecho de tus respuestas.

1. Cuando entendemos el significado de este nombre en su idioma original, ¿cómo nos ayuda a vivir mejor hoy?
   El significado es la explicación que se ha desarrollado sobre ese nombre de Dios en este estudio.

2. ¿Cómo se evidencia la relevancia de este nombre en los eventos que acontecían cuando el Señor lo utilizó?
   Dios es exacto en Sus palabras e intencional en los momentos que Él escoge y en cómo eligió revelarse. Esta pregunta nos ayuda a poner un contexto directo al nombre de Dios que estudiamos.

3. ¿Cómo podemos entender de manera adecuada este nombre a la luz de su contexto literario o histórico?
   Si es literatura de sabiduría o narrativa histórica, ese nombre de Dios es utilizado de una forma específica, no solo como un título protocolar. Esta pregunta nos ayuda a alcanzar un entendimiento más profundo dentro del contexto, del género o del tiempo literario del libro o pasaje específico. Así mismo, nos ayuda a no sacarlo fuera de dicho contexto.

4. Si consideramos el lugar y los eventos donde Dios utilizó ese nombre para revelarse ¿cómo nos ayudan a entender mejor su significado en contexto?

5. Explica ¿por qué?
   En ocasiones damos respuestas que estamos acostumbrados a ofrecer, sin saber por qué. Esta pregunta nos ayuda a pensar de un modo más profundo en los significados de las palabras y los eventos. Nos fuerza a cuestionarnos y evaluar si realmente comprendemos o pensamos en las implicaciones. El

lenguaje bíblico nos llama a considerar más detenidamente la razón detrás de lo que creemos.

6. ¿Qué quiere Dios que entendamos o pensemos sobre Él en relación con este nombre? Dios busca transformarnos desde adentro hacia afuera.

7. ¿Cómo un mejor entendimiento del carácter de Dios expresado en este nombre puede ayudarnos a desarrollar nuestra confianza en Él?

8. ¿Qué aprendemos sobre las reacciones de las personas en los acontecimientos leídos? (Es decir, ¿qué aprendemos de su carácter, naturaleza, actitud, confianza, comportamiento, etc.?).

9. ¿Cómo podemos ser transformadas para que otros vean esta cualidad de Dios en acción? Trata de detallar tu respuesta.

Introducción

¿Por qué estudiar los nombres de Dios?

Dios es infinito, no hay un solo nombre que pueda referirse a todo lo que Él representa. Sus características y Sus atributos son innumerables. Por ello, tener un mejor entendimiento de Su grandeza requiere de esa multiplicidad de apelativos. Sin embargo, aun si uniéramos las designaciones y los títulos que le son conferidos no llegaríamos a definirlo en Su totalidad. Así lo entendió el pueblo hebreo en su momento y así lo comprendemos hoy. Dios es infinito e inconmensurable. Ninguno de Sus nombres lo representa por entero porque Él tiene el nombre que es sobre todo nombre.

De ahí que al estudiar la Biblia en su idioma original nos encontremos con tantos nombres diferentes que se refieren a un mismo Dios. La razón es que el significado detrás de cada uno revela la esencia y la naturaleza del Omnipotente. Cada nombre simboliza un aspecto de Su carácter multifacético. Conocer esto nos facilita el entendimiento de la Biblia, sobre todo del Antiguo Testamento. Este se escribió en el idioma hebreo. Conocerlo nos prepara, además, para la llenura de Su Santo Espíritu. Por nuestra capacidad finita y limitada, no podemos concebirlo ni entenderlo, pero tenemos la esperanza de que sabremos más de lo que nuestro Dios es cuando entremos en Su gloria.

El salmo 23 es uno de los más conocidos, en el versículo 3, señala: «Él restaura mi alma; me guía por senderos de justicia por amor de su nombre» (Sal. 23:3). En este salmo, el salmista concibe el comportamiento de Dios en armonía con Su propia esencia. El Señor nos guía por sendas de justicia porque Él es justo por naturaleza. Por tanto, podemos dejarnos guiar por Él con total seguridad y gozo porque nunca nos guiará por sendas de injusticia. Ese convencimiento restaura nuestras almas.

Bíblicamente, sabemos que cada nombre de Dios lo representa. Entonces, cuando Él especifica que actúa «por amor de su nombre» no lo dice por egocentrismo ni vanagloria, sino porque Él, en Su esencia, es amor y, cuando Él ama, eso otorga beneficios a Sus criaturas.

Jesús, el Dios hebreo

Como cristianas no dudamos que Jesucristo es Dios mismo. Sin embargo, no me había percatado de que Jesús también se encuentra en los nombres hebreos de Dios hasta que hice un estudio al respecto. Siempre pensé que los nombres hebreos se referían solo al Padre. Fue como agua refrescante a mi alma ver la grandeza infinita de Dios cuando encontré a Jesús junto al Padre, aun en lugares donde no lo había visto antes. Colosenses 1:15 afirma: «Él es la imagen del Dios invisible». Hebreos 13:8 lo confirma al expresar que Jesucristo realmente no cambia.

Si queremos conocer y entender de modo correcto lo que enseña la Biblia, debemos ser conscientes de varios puntos esenciales. En primer lugar, está escrita de forma tal que es necesario indagar en diversas fuentes para encontrar aquello que nos parece evidente después de tenerlo. Debemos recordar que este libro fue escrito hace miles de años, en culturas diferentes a la nuestra y en otros idiomas. En su redacción participaron aproximadamente 40 autores en un período de

1500 años. Al conocer todo esto, nos es posible entender con cuánto celo debemos adentrarnos en el estudio del libro sagrado.

Para descubrir a Jesús en el Antiguo Testamento necesitamos utilizar y comparar toda la Escritura, porque Su revelación es presente y también progresiva desde el principio hasta el final. En muchas ocasiones, la revelación dada en el Nuevo Testamento aclara lo que fue escrito en el Antiguo. Por ejemplo, Colosenses 1:16 nos relata sobre Jesús: «Porque en Él fueron creadas todas las cosas, *tanto* en los cielos *como* en la tierra, visibles e invisibles; ya sean tronos o dominios o poderes o autoridades; todo ha sido creado por medio de Él y para Él». Con esto en mente, podemos ver a Cristo en Génesis 1:1. En realidad, si lo buscamos, lo encontramos a lo largo de toda la Biblia, desde el Génesis hasta el último capítulo de Apocalipsis, donde se anuncia Su segunda venida. Si leemos la Biblia con el enfoque de que es la historia sobre el reino de Dios, con su culminación en la persona y las obras de Jesús, veremos cómo toda la Escritura apunta a Cristo.

La Trinidad de Dios

La palabra *trinidad* no aparece en la Biblia. Sin embargo, como cristianas aceptamos el concepto de un Dios trino porque lo vemos expresado y aplicado (a lo largo de toda la Escritura) en múltiples sitios donde las tres personas obran. Como hablamos de tres personas distintas con una misma esencia y diferentes funciones cada una, no hay forma de comprender bien lo que está escrito sin que adquiramos antes un entendimiento de la Trinidad.

Aunque este es un concepto imposible de entender en su totalidad, no es irracional. Sin embargo, como resulta extraño para la mente finita del ser humano, que evalúa con estándares de acuerdo con su naturaleza, expondremos un ejemplo que ayudará a clarificar la idea. Si cada una de las personas de Dios es perfecta y tiene igual poder que la otra, cuando piensan o actúan lo harán en la misma forma. Es decir, en concordancia, perfección y con igual poder. Esto es porque no pueden ser perfectas e imperfectas al mismo tiempo. O son perfectas o imperfectas, pero no diferentes una de la otra.

Génesis 1:1 afirma: «En el principio creó Dios los cielos y la tierra». Aquí vemos que Él obra. Algo importante a señalar es que el verbo hebreo para «crear» en este versículo aparece en singular mientras que el término para referirse a Dios, *Elohim*, está en plural. En el versículo 2 leemos: «el Espíritu de Dios se movía sobre la superficie de las aguas». Entonces, concluimos que las tres personas estaban activas en el momento de la creación. Luego, en este mismo libro, en el capítulo 1:26, leemos: «Y dijo Dios: Hagamos al hombre a nuestra imagen, conforme a nuestra semejanza» Observamos una vez más que el verbo utilizado para quien/quienes obran es plural. En el Nuevo Testamento el concepto se evidencia con mayor claridad. En Mateo 3:16-17, las tres personas están presentes en el momento del bautismo de Jesús: «Después de ser bautizado, Jesús salió del agua inmediatamente; y los cielos se abrieron, y él vio al Espíritu de Dios que descendía como una paloma y venía sobre Él. Y se *oyó* una voz de los cielos que decía: Este es mi Hijo amado en quien me he complacido». Como son tres personas en un solo Dios, es razonable, entonces, que la persona de Jesús esté comprendida en los términos hebreos utilizados para nombrar a Dios.

Antes de continuar, queremos reforzar de nuevo la idea de que, aunque la Biblia tiene muchos nombres diferentes para referirse a Dios, solo hay un Dios. Los distintos apelativos procuran evidenciar Sus diversas facetas. Los judíos afirmaban la unidad y la unicidad del Señor. La *Shemá* es la oración más importante de este pueblo, se recita o se ora dos veces al día y aparece en Deuteronomio 6:4-5. Ella expresa: «Escucha, oh Israel, el SEÑOR es nuestro Dios, el SEÑOR uno es. Amarás al SEÑOR tu Dios con todo tu corazón, con toda tu alma y con toda tu fuerza». Si fuimos creadas a la imagen de Dios (Gén. 1:27), entonces nuestro deber es reflejar esa imagen que ha sido puesta en nosotras. Toda la creación refleja Su gloria (Sal. 19:1), pero los seres humanos son los únicos creados a Su imagen. Es imposible reflejar a alguien a quien no conocemos. Entonces, al conocer Sus características y estudiar Sus nombres, nuestra esperanza es que todas podamos enamorarnos más de nuestro Señor y, por ende, ser más fieles a Él y a Su Palabra.

Cuando Dios instituyó la nación de Israel, le entregó los Diez Mandamientos. El primero prohibía tener otros dioses delante de Él y el tercero fue dado para salvaguardar la integridad de Su nombre (Ex. 20:3,7). Dios reveló que la necesidad número uno del ser humano es conocerlo y entenderlo (Jer. 9:24). De esa forma, llegamos a entender que Él es el único digno de nuestra adoración. Estudiamos Sus nombres porque ellos revelan parte de Su esencia. La realidad es que mientras más conocemos a Dios, más natural resulta amarlo: «CON TODO TU CORAZÓN, Y CON TODA TU ALMA, Y CON TODA TU MENTE». Este es el grande y el primer mandamiento» (Mat. 22:36-38). Nuestro Dios se revela a sí mismo con la intención de desarrollar una relación con nosotras. Esto, como todo lo que Él hace, lo efectúa por amor de Su nombre.

A continuación, haremos un estudio de los versículos en que aparecen los diferentes nombres hebreos de Dios. De esa manera llegaremos a un entendimiento más claro y profundo del significado de cada uno. Nuestro anhelo es que, a través de su estudio y de lo que ellos representan, lleguemos a convertirnos en mejores embajadoras de Cristo al concebir y aceptar mejor Su identidad con el Padre y apreciarlo en toda Su dimensión.

PARTE I

SEMANA 1

El-Shaddai

Señor Dios todopoderoso

DÍA 1

El nombre *El-Shaddai* aparece siete veces en la Biblia; cinco veces en Génesis, una vez en Éxodo y otra en Ezequiel. La palabra hebrea *shad* significa «el seno» o «lo que nos nutre».

Algunos estudiosos de este libro sagrado establecen que pudiera derivarse del término acadio *Sadu,* que significa «montaña». Esto completaría la idea de poder y fuerza. Entonces, cuando se une *El* con *shad,* nos enseña que Él es quien tiene el poder de nutrir y proveer para todas nuestras necesidades. La palabra hebrea *dai* significa «amontonar beneficios». Tiene la connotación de provisión, sostenimiento y bendiciones.

Entonces, al entender el significado de este nombre en su idioma original, ¿cómo esto podría contribuir a que vivamos mejor y más confiadas en el día de hoy? _____

_____

_____

_____

_____

Lee los siguientes versículos:
Génesis 17:1
Génesis 28:3
Génesis 35:11
Génesis 43:14
Génesis 48:3
Éxodo 6:2-3
Ezequiel 10:5

¿Qué tienen en común todos estos versículos? _____

_____

_____

_____

_____

Observa las personas a quienes Dios les habla, el momento que se vive en la historia del pueblo de Dios y los acontecimientos que tienen lugar. ¿Qué aprendemos sobre las reacciones de las personas en los eventos leídos? Es decir, ¿qué aprendemos sobre su carácter, su naturaleza, sus actitudes, su confianza y su comportamiento? _____

_____

_____

_____

_____

¿Hay alguna similitud entre esas acciones y las tuyas? _____

_____

_____

_____

_____

Todos los versículos, excepto Ezequiel 10:5, ¿a cuál linaje apuntan? _____

_____

_____

_____

Ezequiel predicaba a los exiliados después de la caída de Jerusalén y su tema principal era que el ser humano es responsable por sus acciones. Sin embargo, a pesar de su culpabilidad, Dios todopoderoso ha prometido restaurar la nación de Israel y hará hasta lo imposible para cumplirlo.

Sin la intervención de Dios, ¿sería posible esta restauración?

_____

_____

_____

_____

DÍA 2

Lee una vez más:

Génesis 17:1

Génesis 28:3

Génesis 35:11

Génesis 43:14

Génesis 48:3

Éxodo 6:2-3

Ezequiel 10:5

La primera vez que la expresión *El-Shaddai* se utiliza es en Génesis 17:1. Abraham tenía 99 años cuando el Señor se le apareció y le dijo: «Yo soy el Dios Todopoderoso [*El Shaddai*]; anda delante de mí, y sé perfecto». Fue en ese momento cuando Dios le cambió el nombre de Abram a Abraham e hizo un pacto eterno con él. El Creador estableció que lo haría padre de multitudes y que de él y su semilla saldrían hasta reyes. En ese entonces los pactos no se validaban con firmas ni abogados, sino que eran «cortados». Lo que se hacía era sacrificar un animal; lo cortaban por la mitad y las dos personas comprometidas en el pacto caminaban en medio de las dos mitades del animal. Esa acción sellaba el acuerdo con la implicación de que si uno lo rompía tendría el mismo destino que el animal.

En este capítulo de Génesis Dios pide a Abraham y a todo el pueblo circuncidarse como señal del pacto. Era un ritual utilizado como símbolo de membresía. Al ser circuncidado, el hombre quedó marcado como partícipe de ese pacto con Dios. Esa ceremonia religiosa estaba destinada a marcar el comienzo de una alianza solidaria para los descendientes de Abraham. Aunque era una señal externa, el órgano en que se realizaba no estaba normalmente a la vista de los demás. Simbolizaba que, al llegar a ser hijo de Dios a través del ritual, este hecho producía cambios espirituales en la vida de la persona, cambios observables por quienes estaban alrededor.

Lee el siguiente versículo:

    Romanos 2:25-29

De forma parecida, la señal del cristiano tampoco es visible en nuestra anatomía; solo se percibe en las vidas cambiadas. Dios pide hoy a Su pueblo lo mismo que pidió a los judíos. Él demanda que el cambio en los corazones pueda ser visto plenamente en las acciones y la transformación de la vida. Esto demuestra el pacto que Él tiene con nosotras.

Dios también utilizó el mismo nombre con Jacob. En Génesis 35:11 leemos: «También le dijo Dios: Yo soy el Dios Todopoderoso [*El Shaddai*]. Sé fecundo y multiplícate; una nación y multitud de naciones vendrán de ti, y reyes saldrán de tus lomos». ¿Suena familiar? Por supuesto, es la continuación del mismo pacto dado a Abraham. Es por eso que al estudiar la Biblia no solo debemos observar el versículo presente, sino también buscar las conexiones que existan con él. Recordemos que la revelación de Dios fue dada de manera progresiva y toda la Escritura está interconectada.

El tiempo después de que Jacob salió de Padán-aram para regresar a la tierra de sus padres es otro ejemplo de un momento en que conocer a Dios como todopoderoso era una necesidad. Jacob, el nieto de Abraham, continuaría el pacto y a través de él se formaría el pueblo de Israel. Dios eligió a Abraham y a Sara, los separó de su cultura para comenzar la nación judía y finalmente unirla a los gentiles (Ef. 2:14-15). De ese modo, formaría un solo pueblo del que saldrían todas las naciones (Gén. 17:4). El Todopoderoso siempre tiene un plan maestro. En aquel momento, ellos, como nosotras ahora, no lo conocían. Ellos, como nosotras, necesitaban confiar en el poder de ese Dios. Él los apartó de su familia en Ur para hacerlos peregrinos en una tierra extraña y ponerlos en algunas circunstancias donde lo único que tendrían sería a Él.

Dios les demostró que Él era el Todopoderoso y que, por tanto, ellos podían confiar en Él. A nadie le gusta encontrarse en ese tipo de situación, cuando los bienes físicos se han agotado, las emociones están confundidas y los recursos mentales han mermado. Sin embargo, con frecuencia ese es el momento más efectivo para ver cómo Dios obra en nuestro favor. Es Él quien orquesta los acontecimientos de la vida, pero tenemos la inclinación a pensar que somos nosotras quienes los resolvemos. La guerra espiritual se da alrededor de cada una de nosotras. Eso no es real solo con los creyentes, sino que también incluye al no creyente, aun cuando este no sabe que esa batalla existe ni puede reconocerla. Dios, en Su misericordia, amor y gracia, no solo nos deja vislumbrar lo que ocurre, sino que también nos permite contemplar Su mano poderosa que obra en nuestra protección.

¿El lugar donde Dios usó este nombre y los eventos que ocurrían en ese momento nos ayudan a entender mejor el significado del nombre? _____

_____

_____

_____

_____

Explica ¿por qué? _____

_____

_____

_____

_____

¿Qué situaciones imponían a las personas la necesidad de saber que Dios era el Todopoderoso? _____

_____

_____

_____

¿Qué demuestra este nombre al ser utilizado por Dios en los eventos que tenían lugar? _____

_____

_____

_____

DÍA 3

Lee una vez más:
Génesis 17:1
Génesis 28:3
Génesis 35:11
Génesis 43:14
Génesis 48:3
Éxodo 6:2-3
Ezequiel 10:5

Este principio está claramente demostrado de nuevo en el libro de Éxodo 14:8-9, donde leemos: «Y el Señor endureció el corazón de Faraón, rey de Egipto, y *este* persiguió a los hijos de Israel, pero los hijos de Israel habían salido con mano fuerte. Entonces los egipcios los persiguieron *con* todos los caballos *y* carros de Faraón, su caballería y su ejército, y los alcanzaron acampados junto al mar, junto a Pi-hahirot, frente a Baal-zefón».

Los judíos se encontraban en una situación que, para ellos, era imposible de superar. Tenían el mar enfrente y el ejército egipcio detrás. No se trataba de un ejército contra otro más poderoso. Era un grupo de esclavos desarmados que escapaban de sus amos. No tenían generales entrenados en guerra ni armas para defenderse. Además, iban acompañados de sus familias, incluidos los niños y las mujeres. Estaban indefensos y huían de Egipto. Entonces, ¿qué fue lo que hicieron? Leamos en Éxodo 14:10: «Y al acercarse Faraón, los hijos de Israel alzaron los ojos, y he aquí los egipcios marchaban tras ellos; entonces los hijos de Israel tuvieron mucho miedo y clamaron al Señor».

Aun cuando los personajes en este suceso no se percataron, esta era una guerra espiritual: Faraón contra Dios. Aunque Faraón no es Satanás en sí, obraba bajo la misma cosmovisión de él. Dios movilizaba al pueblo para seguir con Su plan y Faraón trataba de oponérsele. Sin embargo, conocemos que nada puede frustrar los planes del Señor (Job 42:2). El Mesías descendería de ese pueblo: la nación judía. En ese momento, Dios separaba y protegía a Su pueblo de los ataques del príncipe de este mundo (Ef. 2:2). Ellos aprendieron, como Abraham y Sara, y de la misma forma que cada una de las hijas de Dios durante su peregrinaje en esta tierra, que Dios es todo lo que necesitamos.

¿El lugar donde Dios usó este nombre y los eventos que ocurrían en ese momento nos ayudan a entender mejor el significado del nombre? _____
_____
_____
_____
_____

Explica ¿por qué? _____
_____
_____
_____
_____

¿Qué situaciones imponían a las personas la necesidad de saber que Dios era el Todopoderoso? _____
_____
_____
_____
_____

¿Qué demuestra este nombre al ser utilizado por Dios en los eventos que tenían lugar? _____
_____
_____
_____
_____

Corrie ten Boom aprendió este principio cuando vivió en el campo de concentración y mientras ayudaba a liberar a los judíos de los nazis durante la Segunda Guerra Mundial. Ella vivió bajo condiciones que nosotras ni siquiera podemos imaginar y pudo mantener su fe porque buscó la mano del Señor. Sobreviviente del campo de concentración, expresó: «Puede que nunca sepas que Jesús es todo lo que necesitas hasta que Jesús es todo lo que tienes». Hay un aprendizaje en cómo caminar con Cristo. El Espíritu Santo es nuestro guía (Juan 16:13). Sin embargo, tenemos que aprender a oír Su voz y luego caminar con Él (Gál. 5:16).

Al evaluar tu vida, ¿has visto que la mano del Señor te protege? ¿Lo has visto como tu proveedor, tu ayudador o tu guía? _____

_____

_____

_____

_____

Enumera algunos de esos acontecimientos y, si puedes, narra cómo Él te ayudó. _____

_____

_____

_____

DÍA 4

Lee una vez más:

Génesis 17:1

Génesis 28:3

Génesis 35:11

Génesis 43:14

Génesis 48:3

Éxodo 6:2-3

Ezequiel 10:5

Sabemos que «Jesucristo es el mismo ayer y hoy y por los siglos» (Heb. 13:8). En Éxodo 14:19-20 leemos: «Y el ángel de Dios que había ido delante del campamento de Israel, se apartó, e iba tras ellos; y la columna de nube que había ido delante de ellos, se apartó, y se les puso detrás. Y vino *a colocarse* entre el campamento de Egipto y el campamento de Israel; y estaba la nube junto con las tinieblas; sin embargo, de noche alumbraba *a Israel,* y en toda la noche no se acercaron los unos a los otros». ¿Qué es esta columna de nube? Este pasaje hace referencia a Cristo preencarnado. Él dijo a los judíos: «El Señor vuestro Dios, que va delante de vosotros, Él peleará por vosotros, así como lo hizo delante de vuestros ojos en Egipto, y en el desierto, donde has visto cómo el Señor tu Dios te llevó, como un hombre lleva a su hijo, por todo el camino que habéis andado hasta llegar a este lugar» (Deut. 1:30-31). Como Él no cambia, también nos da a nosotras el mismo mensaje. Él quiere enseñarnos que es *El-Shaddai,* el Todopoderoso, para que podamos vivir con la paz que sobrepasa todo entendimiento (Fil. 4:7).

¿Cómo podemos entender correctamente el significado del nombre *El-Shaddai* a la luz de su contexto en los pasajes donde se encuentra? _____

_____

_____

_____

_____

¿Qué puedes hacer para buscar a *El-Shaddai* en los acontecimientos difíciles de tu vida? _____

_____

_____

_____

_____

Aunque en la actualidad no tenemos una columna de nube visible, no
hay duda de que Él está presente. Al entenderlo, aprendemos a andar
por fe y no por vista (2 Cor. 5:7). Nuestra mente entenebrecida y
nuestro corazón engañoso no nos dejan ver esta realidad en tiempos
de quietud. Entonces necesitamos vivir circunstancias, como la que
atraviesa el mundo ahora con la pandemia de la COVID-19, para
comprenderlo. Sin embargo, todo es para nuestro bien. *El-Shaddai* es
el Omnipotente, el único capaz y poderoso para hacer todas las cosas
en cualquier tiempo y siempre lo hace bien. Él es majestuoso y Su
poder es absoluto.

DÍA 5

Lee una vez más:

Génesis 17:1

Génesis 28:3

Génesis 35:11

Génesis 43:14

Génesis 48:3

Éxodo 6:2-3

Ezequiel 10:5

Como hemos dicho, la palabra hebrea *shad* significa «el seno». Desde esta perspectiva, Dios es alguien que nos nutre. Él proveyó la comida y el agua a Su pueblo en los 40 años que caminó por el desierto. Somos como bebés, incapaces de vivir por nuestra propia cuenta, y la única comida que nos nutre es la leche que Dios nos provee. Jesús nos dijo que Él es nuestro pan de vida (Juan 6:35) y la fuente de aguas vivas (Jer. 17:13). Como el maná bajó del cielo para el pueblo judío, Jesús bajó del cielo para alimentar espiritualmente a Su pueblo (Juan 6:51). Cristo afirmó: «el que viene a mí no tendrá hambre, y el que cree en mí nunca tendrá sed» (Juan 6:35).

> ¿Es Cristo tu pan de vida? ¿Es Él quien te sostiene? ¿Qué necesitas cambiar en tu vida para que Él sea todo lo que necesitas? _____
> _____
> _____
> _____
> _____

Como mencionamos antes, el término *Shad* podría venir del vocablo acadio *Sadu,* que significa «montaña». ¿Hay algo más impresionante que una montaña? Cuando voy al campo y veo las montañas, lo que me impresiona es su poder, su fuerza y su majestad. Cuando paso por las ciudades y observo los edificios hermosos y grandes, me recuerdan la sabiduría que Dios ha dado al ser humano para crear. Sin embargo, no es hasta que caminamos por el campo y contemplamos las majestuosas montañas que estamos ante lo que solo Dios puede crear.

Entonces, al combinar el término genérico para Dios, *El*, con *shad*, la expresión que resulta nos enseña que Él es quien tiene el poder de nutrir y proveer para todas nuestras necesidades. «Y mi Dios proveerá a todas vuestras necesidades, conforme a sus riquezas en gloria en Cristo Jesús» (Fil. 4:19). Solo Él es capaz de proveer y bendecirnos perfectamente en toda abundancia.

¿Qué aprendemos sobre el carácter y la naturaleza de Dios a través de este nombre? _____

_____

_____

_____

_____

Lee el siguiente pasaje:
Salmos 121

Este salmo recalca el poder de *El-Shaddai* y oramos como el salmista en el versículo 1: «Levantaré mis ojos a los montes; ¿de dónde vendrá mi socorro?» (Sal. 121:1). Aunque nuestra tendencia es buscar sustento en todo menos en Dios, recordemos que solo *El-Shaddai* puede proveer lo que necesitamos, lo que nuestro corazón anhela, lo que nuestra vida desea y lo que nuestra alma busca. Cuando estamos cara a cara ante *El-Shaddai*, nuestra alma descansa porque llegamos a nuestra tierra prometida.

Semana 2

El-Elyon

Dios altísimo, el exaltado

DÍA 1

La expresión *El-Elyon* significa «Dios de majestad y poder». Proviene de una raíz hebrea cuyo significado es «ascender» o «estar en lo más alto». De manera que, al referirnos a Dios como *El-Elyon,* implica que Él es lo más sublime que existe; el soberano de todos los reinos. Esta expresión aparece 28 veces en el Antiguo Testamento.

El vocablo *El* era común no solo en la lengua hebrea, sino también en la aramea y en el idioma árabe. Con frecuencia se utilizaba en expresiones referidas a las deidades. Por ejemplo, en Deuteronomio 3:24 leemos: «Oh Señor Dios, tú has comenzado a mostrar a tu siervo tu grandeza y tu mano poderosa; porque ¿qué dios [*El*] hay en los cielos o en la tierra que pueda hacer obras y hechos *tan* poderosos como los tuyos?».

Elyon es un adjetivo con varios significados. Puede referirse a la altura de un objeto. Por ejemplo, en 2 Reyes 15:35 se utiliza para referirse a los «lugares altos». También puede significar la prominencia de una persona, tal como se utiliza en Salmos 89:27 para referirse al hijo de David. Al combinar *El* con *Elyon (El-Elyon),* adquiere la connotación de Dios Altísimo, Su extrema soberanía y majestad y Su suprema preeminencia. En todos los versículos siguientes se encuentra la expresión Dios Altísimo *(El-Elyon).*

Ejemplos donde se encuentra la expresión *El-Elyon:*
　　Génesis 14:18-20,22
　　Salmos 78:56
　　Salmos 78:35
　　Salmos 9:2
　　Daniel 3:26
　　Daniel 4:2
　　Daniel 4:34

　　¿Qué tienen en común estos versículos? _____
　　_____
　　_____

Antes de contestar, lee Génesis 14:18-20,22. Este pasaje relata los acontecimientos que tenían lugar, el momento que vivían en la historia del pueblo de Dios y las personas que eran parte de dichos eventos.

El primer sitio donde se encuentra la expresión *El-Elyon* es en Génesis 14:18-20,22. En este pasaje se utiliza cuatro veces: «Entonces Melquisedec, rey de Salem, sacó pan y vino; él era sacerdote del Dios Altísimo [*El-Elyon*]. Y lo bendijo, diciendo: Bendito sea Abram del Dios Altísimo [*El-Elyon*], creador del cielo y de la tierra; y bendito sea el Dios Altísimo [*El-Elyon*] que entregó a tus enemigos en tu mano. [...] Y Abram dijo al rey de Sodoma: He jurado al SEÑOR, Dios Altísimo [*El-Elyon*], creador del cielo y de la tierra».

Esto ocurrió después de una gran batalla donde intervino una coalición de cinco reyes contra otra de cuatro reyes. Sodoma y Gomorra estaban en el lado perdedor. Los que alcanzaron la victoria habían capturado todos los bienes y las provisiones de los vencidos y se llevaron a Lot, el sobrino de Abram que vivía en Sodoma. Cuando Abram se enteró, movilizó a sus mejores hombres, persiguieron a los atacantes, los alcanzaron y los derrotaron. Así pudieron liberar a Lot con su familia, su gente y sus posesiones.

A su regreso, ocurrió el encuentro de Abram con Melquisedec, el rey de Salem. Este le ofreció una comida y pronunció las palabras que leímos antes. Abram, que era un nómada en ese momento, acaba de enfrentarse, con sus trabajadores, como ya dijimos, a una coalición de reyes con soldados preparados, quienes habían derrotado a otra confederación de soldados entrenados.

¿Qué acontecía que obligaba a Abram y sus obreros a reconocer a Dios como el Dios de majestad y poder y llenarse así de valor para ir a esta batalla? _____

_____

_____

_____

¿Qué demuestra este nombre al ser utilizado por Dios en los eventos que tenían lugar? _____

_____

_____

_____

_____

Si no hubieran sabido quién era Dios, ¿crees que hubieran podido llenarse de valor e ir a esa batalla? _____

_____

_____

_____

_____

_____

¿Sin la intervención de Dios hubiera sido posible la victoria entre dos ejércitos tan desiguales? _____

_____

_____

_____

_____

Si observamos a las personas a quienes Dios hablaba, el momento que vivían en la historia del pueblo de Dios y los eventos que tenían lugar, ¿qué aprendemos sobre sus reacciones en los acontecimientos leídos? Es decir, ¿qué aprendemos de su carácter, su naturaleza, sus actitudes, su confianza y su comportamiento? _____

_____

_____

_____

_____

_____

¿Hay alguna similitud entre esas acciones y el modo en que actúas cuando te enfrentas a situaciones difíciles? _____

_____

_____

_____

_____

¿La forma como se desenvolvieron los eventos te ayuda a entender mejor el significado del nombre con el cual Abram invocó a Dios? _____

_____

_____

_____

_____

Explica ¿por qué? _____

_____

_____

_____

_____

DÍA 2

Lee una vez más:
Génesis 14:18-20,22

Siempre me ha llamado la atención que en el versículo 18 se cita a Melquisedec como «... sacerdote del Dios Altísimo». Esto es porque todavía no se había instituido el sacerdocio. ¿Sabes quiénes fueron más adelante los ordenados por Dios para ejercer este oficio? Ver Levítico 3:1-10.

¿Melquisedec era de la tribu de Leví? _____

_____

Leví era bisnieto de Abraham y, por ende, no había nacido todavía. Sin embargo, Dios muestra que Melquisedec, aun sin pertenecer a la tribu levítica, era sacerdote de *El-Elyon*. ¿Qué te indica este hecho?

¿Jesús desciende de la tribu de Leví? Antes de contestar, lee Hebreos 7:17. _____

_____

_____

_____

Melquisedec era rey de Salem, y Salem viene del hebreo *shalem,* que significa paz. Hay poco escrito sobre Melquisedec. Sin embargo, lo que se sabe lo convierte en un tipo de Cristo, alguien que apuntaba a lo que el Hijo sería. Cristo es nuestro rey, Él es el Príncipe de Paz (Isa. 9:6) y es nuestro gran sacerdote, quien intervino una vez para siempre para darnos salvación. Más que eso, aún interviene por nosotras ante el Padre (Rom. 8:34) y le presenta nuestras peticiones.

Si queremos entender mejor el corazón de Abram, solo debemos prestar atención a su bondad con su sobrino Lot. Cuando conocemos el pecado de Lot y sus consecuencias, podemos entender la necesidad de invocar a Dios como *El-Elyon*.

Veamos Génesis 13.

¿Cuál fue la razón que llevó a Lot a vivir a Sodoma? _____
_____
_____
_____
_____

Antes de contestar, lee Génesis 13:8-11. _____
_____
_____
_____
_____

En este pasaje leemos que después de que Abram y Lot tomaran la decisión de separarse, Lot resolvió ir a Sodoma. Cuando vio que el valle del Jordán estaba bien irrigado desde todas partes, tomó su decisión basada en lo que le parecía mejor sin consultar a Dios. Se olvidó de que Dios es el proveedor; el único que abastece al ser humano, aun cuando las circunstancias están en contra. Sin embargo, él creyó que tendría mejor resultado económico en esa área y cometió un error bastante común entre los seres humanos; pensó que el bienestar financiero se podía igualar a las bendiciones de aquel que puede proveer todo, del único que conoce el futuro. Lot se estableció en las ciudades del valle. En Génesis 13:13 leemos: «los hombres de Sodoma eran malos y pecadores contra el SEÑOR en gran manera».

En ese tiempo el área elegida por Lot era en verdad insegura. Por la política de los países, los más poderosos solían invadir a los más pequeños para dominarlos y apoderarse de sus bienes. Cuando esta coalición ganó, Lot fue llevado al cautiverio. Su fatal decisión demostró desconfianza en la provisión de Dios, *El-Elyon*. Desafortunadamente tuvo que pagar el precio de no haber consultado al Padre que podía protegerlo.

¿Has actuado en algunas ocasiones como lo hizo Lot? _____

_____

_____

_____

_____

¿Cuál ha sido el resultado? _____

_____

_____

_____

_____

Explica ¿por qué? _____

_____

_____

_____

El-Elyon se mantuvo fiel a pesar de la infidelidad de Lot. Envió a Abram para rescatarlo. A su regreso de esta batalla, Abram se encuentra en el camino con el sacerdote Melquisedec, el rey de Salem (que significa *paz*). A este, Abram le entregó el diezmo. El rey de Sodoma, quien había perdido la batalla, le pidió a Abram: «Dame las personas y toma para ti los bienes» (Gén. 14:21). Se refería a quienes fueron derrotados por Abram. La costumbre era que los vencedores en una batalla se quedaran con los bienes de los vencidos. Aunque Abram había ganado y merecía quedarse con todo, él había jurado al Dios Altísimo, *El-Elyon*, creador del cielo y de la tierra, que no tomaría nada. A diferencia de Lot, él entendió que *El-Elyon* es el dueño de todo y es quien provee.

El rey Melquisedec, quien también conocía a *El-Elyon*, reconoció que fue Dios quien entregó a los enemigos en las manos de Abram. Así mismo, comprendió quién era su proveedor y generosamente sacó pan y vino para alimentar a Abram.

El nombre de Melquisedec está compuesto por dos términos hebreos: *melqui* o *melki,* que significa «rey», y *sedec* o *sedeq,* que alude a «justicia». Entonces, su nombre significa «el rey de justicia» y, como ya sabemos, él reinaba en la «ciudad de paz». Fue un rey y sacerdote, un tipo de Jesús. Alguien que mostraba al que vendría: el Rey de reyes, el Príncipe de Paz, el intercesor ante el Padre por el pecado humano. En Salmos 110:4-6 leemos: «Tú eres sacerdote para siempre según el orden de Melquisedec. El Señor está a tu diestra; quebrantará reyes en el día de su ira. Juzgará entre las naciones, *las* llenará de cadáveres, quebrantará cabezas sobre la ancha tierra». Sin embargo, si queremos ver a *El-Elyon* en Jesús leamos desde el versículo 1 hasta el 6: «Dice el SEÑOR [*Yahvéh* o Yo Soy] a mi Señor [*Adonai*]: Siéntate a mi diestra, hasta que ponga a tus enemigos por estrado de tus pies. El SEÑOR extenderá desde Sión Tu poderoso cetro, *diciendo:* Domina en medio de tus enemigos. Tu pueblo se ofrecerá voluntariamente en el día de tu poder; en el esplendor de la santidad, desde el seno de la aurora; tu juventud es para ti *como* el rocío. El SEÑOR ha jurado y no se retractará: Tú eres sacerdote para siempre según el orden de Melquisedec. El Señor está a tu diestra; quebrantará reyes en el día de su ira. Juzgará entre las naciones, *las* llenará de cadáveres, quebrantará cabezas sobre la ancha tierra» (Sal. 110:1-6).

Nos preguntamos, ¿quién es *Adonai?* Aquel que derrotó los poderes de las tinieblas, el Mesías, Jesucristo (Col. 2:14-15). Melquisedec fue un rey y sacerdote (un tipo de Jesús) que nos mostraba al que vendría: el Rey de reyes, el Príncipe de Paz y quien interviene por el ser humano ante el Padre.

¿La actitud de Lot te llama la atención? ¿Has actuado como él en algún momento de tu vida cuando has enfrentado un conflicto con algún familiar? _____

_____

_____

_____

¿La actitud de Abram te llama la atención? ¿Has actuado como él en algún momento de tu vida cuando has enfrentado un conflicto con algún familiar? _____

_____

_____

_____

_____

¿Conoces a Dios en tu propia vida en relación con la verdad que el nombre *El-Elyon* manifiesta? _____

_____

_____

_____

_____

Luego de entender el significado de este nombre en su idioma original, ¿de qué manera esto podría contribuir a que vivamos más confiadas en el día de hoy? _____

_____

_____

_____

_____

DÍA 3

Lee una vez más:
  Salmos 78:56
  Salmos 78:35
  Salmos 9:2

El salmo 78 es histórico, un recuento de las quejas de Dios contra Su pueblo. Comienza desde Jacob y les recuerda todo lo que hizo por ellos para sacarlos de Egipto cuando eran esclavos allí. Avanza plaga por plaga y trae a su memoria que Él los pastoreó a lo largo del desierto a pesar de su rechazo. Así mismo, señala con claridad que Él les demostró Su amor, Su cuidado y Su poder como el Dios Altísimo porque los había elegido (sin ningún mérito de parte de ellos).

El salmo 9, escrito por David, es un cántico de la victoria del Dios que se sienta en el trono eterno de justicia y contra aquellos que no buscan Su rostro.

Ambos salmos destacan el poder y la victoria de Dios sobre la guerra espiritual. El Altísimo, a través de los salmistas, usó el nombre *El-Elyon* (el Altísimo). Al leer la historia de la rebeldía del pueblo y los eventos ocurridos entendemos mejor el significado del nombre.

¿Cuáles situaciones se presentan en este salmo que obligan a las personas a invocar a Dios como el Altísimo? _____

_____

_____

_____

_____

Explica ¿por qué? _____

_____

_____

_____

_____

¿Qué demuestra el nombre *El-Elyon* (Dios Altísimo) al ser utilizado por el salmista en los eventos que tenían lugar?

_____

_____

_____

_____

¿Crees que es importante que enseñemos esto a la próxima generación? ¿Por qué? _____

_____

_____

_____

_____

El salmo 9 es de exaltación por todo lo que Dios había hecho por Su pueblo contra sus enemigos. ¿Qué nos enseña este nombre, Dios Altísimo *(El-Elyon)*, y este salmo, de cómo se supone que debemos relacionarnos con Dios? _____

_____

_____

_____

¿Lo conozco en mi propia vida en relación con el significado o verdad que este nombre manifiesta? _____

_____

_____

_____

_____

DÍA 4

Lee una vez más:

Daniel 3:26
Daniel 4:2
Daniel 4:34

En el libro de Daniel se evidencia una vez más el poder de *El-Elyon* sobre un poder que en esa época era el más grande del mundo conocido: el poder del rey Nabucodonosor.

Este rey era un tirano, un déspota que por orgullo trató de destruir a Sadrac, Mesac y Abed-nego, tres judíos que habían sido llevados cautivos a Babilonia y que se habían negado a obedecer una de sus órdenes. Nabucodonosor ordenó tirarlos en un horno. El fuego del horno era tan fuerte que el soldado que los empujó fue destruido por el calor. Sin embargo, los tres judíos fueron salvados. Más que eso, no sufrieron daño alguno porque *El-Elyon* estuvo con ellos en el horno. Y el rey Nabucodonosor, después de presenciar ese hecho, reconoció al Dios de los judíos como el Dios Altísimo *(El-Elyon)*. Aun así, el rey mantuvo su soberbia y por juicio de Dios fue condenado a vivir como una bestia por siete años (Dan. 4:32). Sin embargo, cuando reconoció que *El-Elyon* reina en el cielo y gobierna, recuperó su juicio y declaró que *El-Elyon* tiene dominio eterno.

Aquí encontramos una vez más a Dios como el Exaltado, el que tiene poder y control de cada circunstancia.

¿Cuál era la situación de los tres judíos por la que necesitaban saber que Dios era el Todopoderoso? _____

_____

_____

_____

¿Qué demuestra este nombre al ser utilizado en medio de los eventos que tenían lugar? _____

_____

_____

_____

_____

Observa las personas a quienes Dios les habla, el momento que se vive en la historia de Su pueblo y los acontecimientos que tienen lugar. ¿Qué aprendemos de las reacciones de las personas que son parte de los eventos leídos? Es decir, ¿qué aprendemos de su carácter, su naturaleza, sus actitudes, su confianza y su comportamiento? _____

_____

_____

_____

_____

¿Hay alguna similitud entre el actuar de ellos y el tuyo? __

_____

_____

_____

¿El momento en que Dios usó este nombre y los eventos que tenían lugar nos ayudan a entender mejor el significado del nombre? _____

_____

_____

_____

_____

Explica ¿por qué? _____

_____

_____

_____

Al evaluar tu vida, ¿has visto la mano del Señor protegién-
dote en alguna circunstancia desesperada en que ya todo
estaba perdido? ¿Lo has visto como tu protector, tu ayudador o tu guía? _____

_____

_____

_____

_____

Enumera algunos de esos acontecimientos y, si puedes,
narra cómo Él te ayudó. _____

_____

_____

_____

_____

DÍA 5

Lee una vez más:

Génesis 14:18-20,22
Salmos 78:56
Salmos 78:35
Salmos 9:2
Daniel 3:26
Daniel 4:2
Daniel 4:34

¿Cómo puedo entender correctamente el significado del nombre *El-Elyon* a la luz del contexto de los pasajes donde se encuentra? _____

_____

_____

_____

_____

¿Qué debes hacer para confiar en *El-Elyon* en los acontecimientos difíciles de tu vida? _____

_____

_____

_____

_____

¿Qué aprendemos sobre el carácter y la naturaleza de Dios a través de este nombre? _____

_____

_____

_____

_____

¿Qué quiere Dios que yo entienda o piense sobre Él en relación con este nombre? _____

_____

_____

_____

_____

¿Conocer el significado de este nombre aumenta mi confianza en Él? _____

_____

_____

_____

_____

¿Qué me enseña este nombre sobre quién soy yo a la luz de quién es *El-Elyon?* _____

_____

_____

_____

_____

¿Qué nos enseña este nombre de cómo se supone que debemos relacionarnos con Dios? _____

_____

_____

_____

_____

¿Conozco a Dios en mi propia vida en relación con la verdad que este nombre manifiesta? _____

_____

_____

_____

_____

¿Qué aprendemos de cómo relacionarnos con los demás para representar a nuestro Dios de acuerdo con el poder y la majestad de este nombre? _____

_____

_____

_____

_____

¿Cómo conocer el significado de este nombre cambia mis actitudes, deseos y forma de vivir? _____

_____

_____

_____

¿Qué me enseña este nombre de cómo debo vivir a la luz de quién es Dios y quién soy yo? _____

_____

_____

_____

_____

¿Qué debo hacer para cambiar mi vida de manera que otros vean esta cualidad de Dios en acción? _____

_____

_____

_____

SEMANA 3

Adonai

Señor y maestro, el soberano

DÍA 1

El primer lugar donde se encuentra este nombre es en Génesis 15:2. Más adelante, a lo largo del Antiguo Testamento, aparece 434 veces; varias de ellas en Isaías, 200 en Ezequiel y 11 veces en Daniel.

Lee estos versículos y responde. ¿Qué tienen en común?

> Génesis 15:2
> Éxodo 4:10
> Jueces 6:15
> 2 Samuel 7:18

_____

_____

_____

_____

Es posible que al leer algunas Biblias (porque varían las maneras de escribirlo), hayas notado que la palabra Señor aparece escrita en dos formas diferentes. «SEÑOR», con todas las letras en mayúscula, y, «Señor», solo con la inicial (S) en mayúscula. Cuando toda la palabra está escrita en mayúsculas, hace referencia al término *YAHVÉH* (Jehová). Cuando solo la letra inicial (S) está en mayúscula, y el resto de la palabra en minúsculas, esto significa *Adonai* (el Mesías). *Adonai,* al igual que *Elohim,* se usa con el verbo en plural. Es por eso que muchos creen que esto alude a la Trinidad.

Adonai exalta la majestad y la soberanía de Dios. En relación con nosotras, es un indicativo de que debemos aceptar Su señorío sobre nuestras vidas.

El significado primario de *Adonai* es «posesión». Reconocemos que Él es dueño de todo, como señala Salmos 24:1: «Del SEÑOR es la tierra y todo lo que hay en ella; el mundo y los que en él habitan». Por supuesto, si Él es dueño de todo, incluidas nosotras, Sus hijas, entonces Él merece nuestra obediencia y alabanza porque tiene señorío sobre nosotras.

¿Qué significa soberanía? _____

_____

_____

_____

_____

¿Qué significa señorío? _____

_____

_____

_____

_____

Establece la diferencia entre esos dos conceptos. _____

_____

_____

_____

_____

¿Dios es soberano aunque no lo considere mi Señor? _____

_____

_____

_____

_____

¿Qué aprendemos sobre el carácter y la naturaleza de Dios
a través de este nombre? _____

_____

_____

_____

_____

Tal como dijimos antes, la primera vez que aparece *Adonai* es en
Génesis 15:2. En el versículo anterior, Génesis 15:1, Dios se presenta a Abram y le dice: «No temas, Abram, yo soy un escudo para

ti; tu recompensa será muy grande». La promesa de *Yahvéh* estaba relacionada con la descendencia que le daría a Abram, quien no tenía hijos, y para quien tenerlos era algo imposible en ese momento de su vida. Abram se confunde y duda de lo que oye y pregunta al Señor: «Oh Señor Dios [*Adonai*], ¿qué me darás, puesto que yo estoy sin hijos, y el heredero de mi casa es Eliezer de Damasco?» (Gén. 15:2).

¿Cuántos años tenía Abram cuando recibió esta promesa?

_____

_____

_____

_____

¿Cuántos años tenía su esposa Sarai cuando Abram recibió esta promesa? _____

_____

_____

_____

_____

¿Por qué era imposible que Abram tuviera hijos? _____

_____

_____

_____

_____

El Señor le asegura a Abram que su descendencia será innumerable, tanto como las estrellas: «Y *Abram* creyó en el Señor, y Él se lo reconoció por justicia. Y le dijo: Yo soy el Señor que te saqué de Ur de los caldeos, para darte esta tierra para que la poseas. Y él le dijo: Oh Señor Dios [*Adonai/Yahvéh*], ¿cómo puedo saber que la poseeré?» (Gén. 15:6-8).

¿Sin la intervención de Dios hubiera sido posible que Abram llegara a tener la descendencia que tuvo a su edad?

_____

_____

_____

_____

Evalúa las circunstancias sin tomar en cuenta la promesa de Dios y responde: ¿crees que Abram, humanamente, tuvo razón para dudar? _____

_____

_____

_____

_____

¿Hay ocasiones en tu vida en que has dudado de las promesas de Dios? _____

_____

_____

_____

Enumera algunos de esos acontecimientos y, si puedes, narra cómo Él cumplió Su promesa. _____

_____

_____

_____

¿Qué hizo para llenarte del valor necesario para seguir adelante aun cuando lo que Él te pedía parecía imposible? ____

_____

_____

_____

_____

DÍA 2

Lee una vez más:
    Génesis 15:2
    Éxodo 4:10
    Jueces 6:15
    2 Samuel 7:18

Este fue el punto de rendición de Abram a Dios. Él reconoció que *Yahvéh* era el *Adonai* de su vida. Admitió, además, su insuficiencia y la suficiencia de Dios, el dueño de todo. La comparación que hace Dios con respecto a Abram y las estrellas, alude a Su poderío, aun sobre esas mismas estrellas. Sin embargo, Abram mantenía sus dudas y por eso preguntó cómo él podía saber si lo que el Creador le decía era verdad. Dios le recuerda que fue Él quien lo sacó de Ur y se refiere a las estrellas. Era como si el Señor le dijera: «Si yo puedo crear todas esas estrellas, ¿crees que permitirte concebir un hijo será difícil para mí? ¿No soy yo quien abre y cierra la matriz?». Es importante recordar que el señorío no solo significa que Dios es dueño de todo, sino también que Él exige nuestra sumisión total, porque es nuestro Señor. Cuando Abram se consagró al Altísimo, reconoció que se consagraba al Dios soberano, el dueño de todo. Así mismo, supo que debería seguirlo en la forma que Dios demandara y requiriera. Recordemos que la promesa de Dios a Abram era algo naturalmente imposible. Sin embargo, Abram le creyó. Él entendió lo que Jesús enseñó en Mateo 18:2-4: «Y Él, llamando a un niño, lo puso en medio de ellos, y dijo: En verdad os digo que si no os convertís y os hacéis como niños, no entraréis en el reino de los cielos. Así pues, cualquiera que se humille como este niño, ese es el mayor en el reino de los cielos». Abram creyó inocentemente, como un niño, porque él sabía que Dios es el *Adonai*.

¿El diálogo entre Abraham y Dios y los eventos ocurridos en ese momento nos ayudan a entender mejor el significado del nombre? _____

_____

_____

_____

_____

Explica ¿por qué? _____

_____

_____

_____

¿Qué demuestra este nombre al ser utilizado por Dios en los eventos que tenían lugar? _____

_____

_____

_____

¿Por qué era esencial, ante esa situación, que Abram entendiera y concibiera que Dios era el Todopoderoso? _____

_____

_____

_____

_____

¿Conozco a Dios en mi propia vida en relación con la verdad que este nombre manifiesta? _____

_____

_____

_____

¿Cómo conocer el significado de este nombre cambia mis deseos y forma de vivir? _____

_____

_____

_____

¿Qué me enseña este nombre de cómo vivir a la luz de
quién es Dios y quién soy yo? _____

_____

_____

_____

_____

En Éxodo 4:10 leemos sobre el encuentro que Moisés tuvo con Dios
en la zarza ardiente. Ese evento le enseñó a Moisés que *Yahvéh* es
el Dios autosuficiente. Sin embargo, él, como Abram, cuestionó al
Creador sobre lo que pedía que hiciera. Pensó que aquello era algo
imposible para él. Por esa razón, le dijo al Señor: «Por favor, Señor
[*Adonai*], nunca he sido hombre elocuente, ni ayer ni en tiempos
pasados, ni aun después de que has hablado a tu siervo; porque soy
tardo en el habla y torpe de lengua». ¡Qué contradicción! Por un lado,
Moisés reconoce a *Yahvéh* como *Adonai* o Señor de su vida. Por otro,
se excusa al no considerarse capaz de hacer lo que Él le pide.

¿Crees que Moisés tuvo miedo o desconfió de *Yahvéh?* ____

_____

_____

_____

¿Te has visto en situaciones en que sientes que Dios te pide
hacer algo para lo cual te sientes incapacitado? _____

_____

_____

_____

Si es así, ¿qué has hecho en esos momentos? _____

_____

_____

_____

La realidad es que Moisés sí era incapaz, pero Dios no. Entonces, nuestro Dios, con toda Su santa paciencia le contestó: «¿Quién ha hecho la boca del hombre? ¿O quién hace *al hombre* mudo o sordo, con vista o ciego? ¿No soy yo, el Señor? Ahora pues, ve, y yo estaré con tu boca, y te enseñaré lo que has de hablar» (Ex. 4:11-12). Creeríamos que esta respuesta de Dios sería suficiente para Moisés, pero escuchamos una vez más su inseguridad cuando responde: «Te ruego, Señor, envía ahora *el mensaje* por medio de quien tú quieras» (v. 13). Es como si Moisés le dijera a Dios: «Envía a cualquier otro, menos a mí». El resultado lo encontramos a continuación: «Entonces se encendió la ira del Señor contra Moisés» (v. 14).

Si Moisés realmente era incapaz, ¿por qué se encendió la ira del Señor contra él? Antes de contestar, lee Mateo 19:26.

¿Por qué se encendió la ira del Señor contra Moisés? _____

_____

_____

_____

_____

Cuando Dios nos pide hacer algo para lo cual no estamos capacitadas y nos rehusamos, esto no es una señal de humildad ni una evaluación correcta de nosotras, sino una falta de fe en Él. Todas somos incapaces de hacer la obra de Dios. Él es quien nos capacita.

DÍA 3

Lee una vez más:
  Génesis 15:2
  Éxodo 4:10
  Jueces 6:15
  2 Samuel 7:18

Recordemos que Dios es *Elohim,* quien nos creó, y que también es *Yahvéh,* el Dios activo en la historia para cumplir Su voluntad. Es cuando iniciamos una relación con Dios que descubrimos el propósito real de nuestras vidas: servirlo y glorificarlo a Él. Esto implica, entonces, que si lo confesamos como nuestro Señor debemos estar preparadas a obedecer y servir. Lo que necesitamos aprender es que Dios capacita a quien llama. Él es quien hace la obra, nosotras somos simples instrumentos en Sus manos (Fil. 2:13).

El Padre amoroso, en Su sabiduría, ha hecho un plan maravilloso que está expresado en Juan 14:12. Él hará mejores obras a través de nosotras: «En verdad, en verdad os digo: el que cree en mí, las obras que yo hago, él las hará también; y aun mayores que éstas hará, porque yo voy al Padre».

¿La conversación entre Dios y Moisés, el momento en que usó este nombre y los eventos que tuvieron lugar nos ayudan a entender mejor el significado del nombre? _____
_____
_____
_____
_____

Explica ¿por qué? _____
_____
_____
_____
_____

¿Por qué era tan importante que Moisés entendiera que Dios es el Soberano al presentarse ante Él? _____

_____

_____

_____

_____

¿Cómo conocer el significado de este nombre cambia mis deseos y forma de vivir? _____

_____

_____

_____

_____

¿Qué me enseña este nombre de cómo debo vivir a la luz de quién es Dios y quién soy yo? _____

_____

_____

_____

_____

¿Qué debo hacer para cambiar mi vida de manera que otros vean que esta cualidad de Dios actúa a través de mí? _____

_____

_____

_____

_____

DÍA 4

Lee una vez más:
  Génesis 15:2
  Éxodo 4:10
  Jueces 6:15
  2 Samuel 7:18

Lee Jueces 6:14-15.

En este pasaje, al estudiar a Gedeón, observamos que como Abram y Moisés, cuando Dios le ordena ir a enfrentarse con los madianitas su primera reacción fue tratar de convencer al Creador de que estaba equivocado. Para ubicarnos en el contexto de la historia donde esto sucedió, vemos que los hijos de Israel habían hecho lo malo ante los ojos del Señor y Él los había entregado en manos de Madián. Por siete años el poder de los madianitas prevaleció sobre ellos.

Los israelitas tenían que esconderse en las montañas. Además, leemos que cada vez que los israelitas sembraban, los madianitas venían con los amalecitas y los hijos del oriente y destruían el producto de la tierra. De ese modo los dejaban sin sustento. ¿Qué hicieron los hijos de Israel? Ellos clamaron al Señor (Jue. 6:1-6). Gedeón ejercía sus quehaceres escondido, sacudía el trigo en el lagar cuando el Ángel del Señor se le presentó y le dijo: «El Señor está contigo, valiente guerrero» (Jue. 6:12). ¿Esto no llama tu atención? Gedeón estaba lleno de miedo, se escondía del enemigo cuando el Señor lo llama «valiente guerrero». Esto nos demuestra varios principios. En primer lugar, Dios nos conoce mejor de lo que nosotras mismas lo hacemos. En segundo lugar, el Señor es capaz de hacer mucho más de lo que nosotras podemos imaginar. Como tercer principio, Él no nos evalúa como nosotras nos evaluamos, sino con el conocimiento del Omnisciente. En cuarto lugar, como Él no está limitado por el tiempo y sabe lo que hará con nosotras, nos habla como si ya todo hubiera sucedido. Un último principio, Él es capaz de hacer a través de nosotras lo que en verdad no somos capaces de llevar a cabo.

La respuesta de Gedeón demuestra sus dudas y el sentir de ser abandonado por el Señor (Jue. 6:13). Luego, Dios habla: «Y el Señor lo miró, y dijo: Ve con esta tu fuerza, y libra a Israel de la mano de los madianitas. ¿No te he enviado yo?» (Jue. 6:14) Entonces, vemos el mismo tipo de respuesta que en Abram y Moisés: «Ah Señor [*Adonai*], ¿cómo libraré a Israel? He aquí que mi familia es la más pobre en Manasés, y yo el menor de la casa de mi padre» (Jue. 6:15). Y la respuesta del Señor: «Ciertamente yo estaré contigo, y derrotarás a Madián como a un solo hombre» (Jue. 6:16).

Ahora, esta es la pregunta: ¿quién es el ángel del Señor a quien nos referimos antes? ¿Quién es el único que puede garantizar la victoria? Dios, entonces, esto es una aparición de Cristo preencarnado.

Sin la intervención de Dios ¿hubiera sido posible la victoria?

_____

_____

_____

_____

¿Hay alguna similitud entre las acciones de los personajes mencionados antes y las tuyas cuando te sientes insegura?

_____

_____

_____

_____

¿El lugar donde Dios usó este nombre y los eventos que ocurrían en ese momento nos ayudan a entender mejor el significado del nombre? _____

_____

_____

_____

Explica ¿por qué? _____
_____
_____
_____
_____

¿Por qué en las situaciones que acontecían las personas
necesitaban saber que Dios era el Soberano? _____
_____
_____
_____
_____

DÍA 5

Lee una vez más:
Génesis 15:2
Éxodo 4:10
Jueces 6:15
2 Samuel 7:18

Las tres características que con más frecuencia se destacan en quienes han llegado a conocer a Dios como *Adonai* son:

1. Son siervos humildes.
2. Ven a Dios como su proveedor.
3. A pesar de creerse incapaces, cuando Dios los llama a hacer algo, se apoyan en Su suficiencia y mantienen la fe de que Él no les fallará en lo que les pide hacer.

David es uno de esos personajes que demostraron ser siervos humildes. Él supo utilizar el nombre de *Adonai* al referirse a Dios en 2 Samuel 7:18. David era el rey y, al hablar con Dios, preguntó: «¿Quién soy yo, oh Señor DIOS, y qué es mi casa para que me hayas traído hasta aquí». David reconocía que, a pesar de ser rey, no merecía la presencia del Señor.

La segunda característica de ver a Dios como proveedor, de entender que suplirá todas nuestras necesidades, viene de un razonamiento interno. Se basa en la confianza sobrenatural de que Él nos llena con poder y sabiduría para servirlo de un modo efectivo y que, al mismo tiempo, nos inspira para compartir con otros lo que nos da.

La tercera característica, que se refiere a mantener la obediencia y la fe de que Dios no fallará, apoyadas en Su suficiencia, se percibe en Daniel. Este llamó a Dios *Adonai* cuando expresó: «el pueblo que conoce a su Dios se mostrará fuerte y actuará» (Dan. 11:32).

Tan pronto como entendamos quién es Dios y lo que Él desea de nuestras vidas, seremos transformadas para servirlo con poder. Cuanto más lo servimos, más comprendemos las inagotables riquezas que están disponibles para nosotras, Sus hijas.

¿Quién es este *Adonai* que nos inviste de poder? Cristo, quien murió en nuestro lugar, abrió el camino hacia el Padre y envió al Espíritu Santo para darnos la capacidad necesaria de que habla Efesios 3:16: «os conceda, conforme a las riquezas de su gloria, ser fortalecidos con poder por su Espíritu en el hombre interior».

Al evaluar tu vida, ¿has tenido la oportunidad de ver que la mano del Señor te protege en alguna ocasión? ¿Lo has visto como tu ayudador o tu guía? _____

_____

_____

_____

_____

Enumera algunos de esos acontecimientos y, si puedes, narra de qué manera Él te ayudó _____

_____

_____

_____

_____

¿Qué aprendemos sobre el carácter y la naturaleza de Dios a través de este nombre? _____

_____

_____

_____

_____

¿Qué quiere Dios que yo entienda o piense de Él en relación con este nombre? _____

_____

_____

_____

_____

¿Conocer el significado de este nombre aumenta mi confianza en Él? _____

_____

_____

_____

_____

¿Qué nos enseña este nombre de quiénes somos a la luz de quién es el *Adonai?* _____

_____

_____

_____

_____

¿Qué nos enseña el nombre *Adonai* de cómo se supone que debemos relacionarnos con Dios? _____

_____

_____

_____

_____

¿Conozco a Dios en mi propia vida en relación con la verdad que el nombre *Adonai* manifiesta? _____

_____

_____

_____

_____

¿Qué aprendemos de cómo relacionarnos con los demás para representar a Dios de acuerdo con la majestad de este nombre? _____

_____

_____

_____

_____

¿Cómo conocer el significado de este nombre cambia mis
deseos y forma de actuar en la vida? _____

_____

_____

_____

_____

¿Qué me enseña este nombre de cómo debo vivir a la luz
de quién es Dios y quién soy yo? _____

_____

_____

_____

_____

¿Qué debo cambiar en mi vida si deseo que otros vean esta
cualidad de Dios manifestada en mí? _____

_____

_____

_____

_____

SEMANA 4

Yahvéh (Jehová)

El autoexistente, el Señor

DÍA 1

Los estudiosos de la Biblia concuerdan en que, de todos los nombres de Dios que se conocen, *Yahvéh* es Su nombre propio. Los demás nos proveen información sobre Su carácter y Su obra, pero *Yahvéh* es el nombre con que Dios desea que se lo conozca. El significado de *YAHVÉH* es «YO SOY EL QUE SOY», el Autosuficiente, el que siempre ha existido y existirá, el que se revela sin cesar. Este nombre aparece 6519 veces en el Antiguo Testamento. Cuando en la Biblia encontramos la palabra Señor, escrita con todas las letras en mayúscula, se refiere a este nombre.

Lee los siguientes pasajes:
Génesis 2:4
Éxodo 3:15
Salmos 3:8
Isaías 9:7

La primera vez que encontramos este nombre es en Génesis 2:4: «Estos son los orígenes de los cielos y de la tierra cuando fueron creados, el día en que el Señor [*Yahvéh*] Dios [*Elohim*] hizo la tierra y los cielos». Sin embargo, Dios no se reveló al ser humano como *Yahvéh* hasta Éxodo 3:15.

En Éxodo 3 se narra el momento en que Dios se le aparece a Moisés para entregarle la misión de ir a Egipto a libertar al pueblo judío. En Éxodo 3:15 leemos: «Dijo además Dios a Moisés: Así dirás a los hijos de Israel: "El Señor [*Yahvéh*], el Dios de vuestros padres, el Dios de Abraham, el Dios de Isaac y el Dios de Jacob, me ha enviado a vosotros". Este es mi nombre para siempre, y con él se hará memoria de mí de generación en generación».

Más adelante, en Éxodo 20 aparecen los Diez Mandamientos. En el versículo 7 de ese capítulo se presenta el tercero de ellos: «No tomarás el nombre del Señor tu Dios en vano». Los judíos asumieron tal reverencia por este nombre que, por miedo a profanarlo, escogían no pronunciarlo. Lo escribían con cuatro consonantes, *YHVH*. Así no había forma de vocalizarlo. Tiempo después, los masoretas que trabajaron en el texto de la Biblia judía *(Tanak)*, para estandarizarla añadieron las vocales A y E. De ese modo, se transformó en *YAHVÉH* (Jehová).

Hay múltiples enseñanzas que aprendemos de este nombre. Si comenzamos en Génesis 2:4, *Yahvéh* es el Creador. Quizás te habrás preguntado por qué este nombre de Dios está en tiempo presente (YO SOY). La razón es que Jehová no vive en el pasado ni en el futuro. Él, a diferencia de nosotras, que somos efímeras, siempre es. No tuvo comienzo ni tiene fin, siempre existirá porque es infinito. Como Dios creó el tiempo (Gén. 1:16), este no puede limitarlo. El Creador no puede ser limitado por algo que Él mismo creó. De manera que el Omnipotente vive en el presente por la eternidad. Por tanto, no puede cambiar, es siempre el mismo. Esa es una de las razones por que merece toda nuestra confianza. (Mal. 3:6). De hecho, Su misma perfección demanda de Él que no cambie.

Sabemos que la muerte fue producida por el pecado. Como Él no puede pecar, porque eso iría en contra de Su propia naturaleza santa, nunca morirá, es eterno. Esa eternidad coexiste en la persona de Jesús. Lo leemos en Juan 1:1: «En el principio existía el Verbo, y el Verbo estaba con Dios, y el Verbo era Dios». En su Evangelio, Juan revela que Jesús es el mismo Dios (Juan 1:3).

¿El momento en que Dios usó este nombre y los eventos que tenían lugar nos ayudan a entender mejor el significado del nombre? _____

_____

_____

_____

_____

_____

Al entender el significado del nombre en su idioma original, ¿cómo esto puede contribuir a que vivamos mejor y más confiadas en Su poder en el día de hoy? _____

_____

_____

_____

_____

Como Dios es creador y sustentador de todo (Col. 1:16-17), Él es la realidad en que vivimos. El problema es que venimos al Señor con mentes entenebrecidas (Ef. 4:17-18) y corazones engañosos (Jer. 17:9). Por ello, primero debemos transformar nuestra mente para ser capaces de ver la realidad del pecado en nosotras (Rom. 12:2).

Él es quien orquesta todo cuanto ocurre en el mundo, controla los tiempos (Isa. 45:7), elige las autoridades (Dan. 2:20-21) e instrumenta todos los acontecimientos de la vida para llevarnos hasta donde Él quiere con el fin de transformarnos a Su imagen (Rom. 8:29). Dios no es autor de pecado (Sant. 1:13). Nuestro rechazo de Sus planes y propósitos es lo que engendra el pecado. Adán y Eva prepararon el camino cuando lo desobedecieron. Todas nosotras, desde entonces, hemos caminado por la misma senda. Sin embargo, *Yahvéh,* en Su bondad y Su gloria, a pesar de nuestra desobediencia, puede recrearnos a Su imagen.

Si evalúas tu vida en un antes y un después de conocer a Cristo, ¿reconoces alguna diferencia en tus reacciones ante los acontecimientos diarios? _____

_____

_____

_____

_____

¿Has notado algún cambio en las actitudes de aquellos a tu alrededor después de cambiar tus reacciones? _____

_____

_____

_____

_____

¿Cómo puedes entender correctamente el significado del nombre *Yahvéh* a la luz del contexto en los pasajes que se citan al principio? _____

_____

_____

_____

_____

DÍA 2

Lee una vez más:
Génesis 2:4
Éxodo 3:15
Salmos 3:8
Isaías 9:7

Isaías 14:24 señala que, a pesar de nuestra desobediencia, es imposible frustrar Sus planes porque lo que Él se propone hacer, eso ocurrirá (Isa. 14:24).

Los sacrificios que se ofrecían a *Yahvéh* para el perdón de pecados en el Antiguo Testamento debían ser animales sin mancha (Lev. 2:16) porque apuntaban al sacrificio perfecto de Jesucristo. Hoy, el evangelio nos llama a presentarnos nosotras mismas como sacrificio vivo y sin mancha, es decir, sin pecado (Rom. 12:1), como un culto a este mismo *Yahvéh*. Él es quien nos llama, aun cuando estamos manchadas por el pecado, y nos transforma en personas que apuntan a Cristo (Rom. 8:29).

La muerte progresiva a nuestros deseos cambia nuestras actitudes de manera que se parezcan más a las de Cristo. El resultado final es llegar a crecer hasta modelar Su imagen en nosotras.

Él es nuestro *Shaddai*, el Todopoderoso. Debemos vivir pendientes de la orquestación de Sus planes en medio de lo que nos acontece.

¿Sientes la presencia del Señor en tu vida cotidiana? _____
_____
_____
_____

¿Cómo sientes que Dios se manifiesta en tu vida ahora? ____
_____
_____
_____

Al evaluar tu pasado, ¿has notado áreas donde Él ha obrado y no te diste cuenta? _____

_____

_____

_____

Explica ¿por qué? _____

_____

_____

_____

¿En qué áreas de tu vida Dios se manifiesta en el presente?

_____

_____

_____

¿Qué debemos hacer para mantenernos enfocadas en el Señor en nuestro día a día? _____

_____

_____

_____

_____

¿Qué puedes hacer para buscar a *Yahvéh* en los aconteci-mientos difíciles de tu vida? _____

_____

_____

_____

_____

En Salmos 3:8 leemos: «La salvación es del Señor [*Yahvéh*]. *¡Sea* sobre tu pueblo tu bendición!*»*. Este salmo muestra a Cristo. Si bien es cierto que las tres personas de la Trinidad participan en la salvación, es Cristo (la segunda persona de la Trinidad) quien la proveyó a través de Su muerte en la cruz.

Este salmo fue escrito por David en un momento en que huía de su hijo Absalón, una situación extremadamente difícil para él como padre. Absalón, su propio hijo, lo había traicionado. Había manipulado al pueblo para quitarle el reinado y dormido con las concubinas de su padre a la vista de todo Israel. Para David, como padre, esto fue una gran lucha. Uno de los dos perdería la vida; o David se dejaba matar por su hijo Absalón o su propio ejército asesinaría a su hijo. Entonces corrió hacia su Dios, *Yahvéh*, y reconoció que Él es el único justo, su protector y el único que podía salvarlo.

¿Hay alguna similitud entre la acción de David en ese momento y las tuyas? _____

_____

_____

_____

¿Los eventos que ocurrían en ese momento y el motivo por que David invocó a Yahvéh nos ayudan a entender mejor el significado del nombre? _____

_____

_____

_____

_____

Explica ¿por qué? _____

_____

_____

_____

¿Cómo puedo entender correctamente el significado del nombre Yahvéh a la luz del contexto en los pasajes donde se encuentra? _____

_____

_____

_____

DÍA 3

Lee una vez más:
Génesis 2:4
Éxodo 3:15
Salmos 3:8
Isaías 9:7

Isaías 9:7 señala: «El aumento de *su* soberanía y de la paz no tendrán fin sobre el trono de David y sobre su reino, para afianzarlo y sostenerlo con el derecho y la justicia desde entonces y para siempre. El celo del Señor [*Yahvéh*] de los ejércitos hará esto». Una vez más encontramos a Jesús como nuestro rey: Él es nuestro eterno Rey. No solo sostiene Su reino, sino que también lo hace en paz. Él es nuestro creador (Juan 1:1-3), nuestro sustentador (Col. 1:17) y nunca cambia (Heb. 13:8). Así mismo, llevó a cabo el plan de redención establecido por el Padre y estará con el ser humano hasta el final (Heb. 13:5). Ha preparado un lugar para nosotras y un día regresará para llevarnos con Él (Juan 14:3).

¿El motivo por que Isaías hace este anuncio y los títulos que le da a Jesús en el versículo 7 nos ayudan a entender mejor la identificación entre el Padre y el Hijo? _____

_____

_____

_____

_____

Explica ¿por qué? _____

_____

_____

_____

¿El lugar donde Dios usó este nombre y los eventos que tenían lugar nos ayudan a entender mejor el significado del nombre? _____

_____

_____

_____

_____

Explica ¿por qué? _____

_____

_____

_____

_____

¿Qué aprendemos sobre el carácter y la naturaleza de Dios a través del nombre *Yahvéh?* _____

_____

_____

_____

_____

¿Qué quiere Dios que yo entienda de Él en relación con este nombre? _____

_____

_____

_____

_____

¿Conocer el significado de este nombre aumenta mi confianza en Él? _____

_____

_____

_____

_____

¿Qué me enseña este nombre sobre quién soy yo a la luz de quién es *Yahvéh?* _____

_____

_____

_____

_____

¿Qué nos enseña este nombre de cómo se supone que debemos relacionarnos con Dios? _____

_____

_____

_____

_____

¿Conozco a Dios en mi propia vida en relación con la verdad que este nombre manifiesta? _____

_____

_____

_____

_____

¿Qué aprendemos de cómo debemos relacionarnos con los demás para representar a Dios de acuerdo con la majestad de este nombre? _____

_____

_____

_____

_____

¿Cómo conocer el significado de este nombre cambia mis deseos y forma de vivir? _____

_____

_____

_____

_____

¿Qué me enseña este nombre de cómo debo vivir a la luz de quién es Dios y quién soy yo? _____

_____

_____

_____

_____

¿Cómo puedo actuar en la vida para que otros vean esta cualidad de Dios a través de mí? _____

_____

_____

_____

_____

DÍA 4

Analicemos ahora el nombre *Elohim,* el Dios, el Creador poderoso y el Juez. La palabra *Elohim* significa «dioses» y se usa no solo para designar al Dios verdadero, sino también para dioses paganos. Aparece más de 2500 veces en el Antiguo Testamento.

Lee los siguientes versículos:
>Génesis 1:1
>Génesis 1:26
>Éxodo 3:4
>Salmos 82:1

Al principio de la revelación, en Génesis 1:1, leemos: «En el principio creó Dios los cielos y la tierra». Como este nombre representa al Dios creador en el relato de la creación, aparece 26 veces desde Génesis 1:1 hasta 1:26. *Elohim* es la primera forma en que Dios se revela. Por eso aparece repetido tantas veces al narrar la obra de la creación. Como es razonable, Él está interesado en mostrar que es el creador de todo.

Génesis 1:26 expresa: «Hagamos al hombre a nuestra imagen, conforme a nuestra semejanza; y ejerza dominio sobre los peces del mar, sobre las aves del cielo, sobre los ganados, sobre toda la tierra, y sobre todo reptil que se arrastra sobre la tierra». Al leer este versículo notamos que el verbo hagamos *(asah)* y el nombre que significa imagen *(tselem)* están en plural.

Si solo hay un Dios, ¿por qué crees que estas dos palabras están en plural y no en singular? ¿Con quién hablaba Dios en ese momento? _____

_____

_____

_____

_____

Como Elohim estaba presente antes de todo, y Él creó todo lo que llegó a ser, puede deducirse, entonces, que Él es eterno. Nada de lo creado, incluido el universo, es eterno, solo nuestro Dios lo es. Si solo Dios es eterno, como todo fue creado por Él, todo, excepto Él, tiene un principio y un fin. Todo lo que somos, hacemos o tenemos procede de Dios. El significado de todo lo que existe es dado por Dios, Él es el autor. La vida eterna solo es posible a través de una relación personal con este Dios eterno. No ganamos la salvación; Él nos la regala cuando aceptamos Su sacrificio e iniciamos una relación con Él.

¿Crees que se puede perder la salvación? _____

Explica ¿por qué? _____

_____

_____

_____

_____

Se ha debatido mucho, en diferentes círculos cristianos, si es posible perder la salvación. Si conocemos la Palabra hay una forma sencilla para entenderla. Según Efesios 1:4, Dios nos escogió antes de la fundación del mundo. Es decir, antes de que nosotras pudiéramos hacer algo bueno para ganarla o tomar una decisión por Cristo. Él nos eligió. Si *Elohim* es eterno, es razonable que Su salvación también lo sea. Juan 10:28-29 nos instruye en ese sentido: «Y yo les doy vida eterna y jamás perecerán, y nadie las arrebatará de mi mano. Mi Padre que me *las* dio es mayor que todos, y nadie *las* puede arrebatar de la mano del Padre». Si entendemos estos versículos, tiene sentido que la razón por que la salvación no se pierde es porque viene de un Dios eterno y no por las obras que realicemos. Dios se comporta según Su carácter. Como Él es eterno, así es Su salvación.

El nombre *Elohim* es el plural de *Eloah.* Aun cuando se encuentra 70 veces en la *Tanak,* la Biblia hebrea, no se conoce el significado en su raíz inicial. Cuando la designación *Elohim* se usa para referirse a los dioses paganos, el verbo aparece en plural (Ex. 12:12). Sin embargo, cuando se refiere al Dios de los judíos, como en Éxodo 3:4, el verbo se utiliza en singular. «Cuando el Señor [*Yahvéh*] vio que él se acercaba para mirar, Dios [*Elohim*] lo llamó de en medio de la zarza, y dijo: ¡Moisés, Moisés! Y él respondió: Heme aquí». Sabemos que este es el Dios verdadero porque se presenta como *Yahvéh* y en el siguiente versículo nos enseña de Su santidad: «No te acerques aquí; quítate las sandalias de los pies, porque el lugar donde estás parado es tierra santa» (Ex. 3:5).

¿Qué aprendemos sobre el carácter y la naturaleza de Dios a través de este nombre? _____

_____

_____

_____

_____

Dios es el proveedor de todas Sus criaturas (Sal. 147:9). Esta verdad nos lleva a una única conclusión: conocerlo como *Elohim,* el Creador y el Sustentador de todo lo que existe nos da la fortaleza para atravesar las dificultades de la vida. Esta verdad puede traernos la paz que sobrepasa todo entendimiento (Fil. 4:7).

¿Qué nos enseña este nombre de cómo se supone que debo confiar en Dios? _____

_____

_____

_____

_____

¿Conozco a Dios en mi propia vida en relación con la verdad que este nombre manifiesta? _____

_____

_____

_____

_____

¿Qué aprendemos de cómo relacionarnos con los demás para representar a Dios de acuerdo con la majestad de este nombre? _____

_____

_____

_____

_____

¿Qué me enseña este nombre sobre quién soy yo a la luz de quién es *Elohim*? _____

_____

_____

_____

_____

DÍA 5

Lee una vez más:
    Génesis 1:1
    Génesis 1:26
    Éxodo 3:4
    Salmos 82:1

Vemos que otra característica de Dios *(Elohim)* es Su santidad. Como Él es santo, todo lo que Él hace es santo y espera que nosotras lo representemos en santidad (Lev. 11:45). Jesús es la segunda persona de la Trinidad. Por ello, tampoco cambia (Heb. 13:8). Él requiere lo mismo de nosotras (1 Ped. 1:16).

    Al entender la santidad que implica el significado de este nombre en su idioma original, ¿cómo esto podría contribuir a que vivamos mejor y más confiadas en el día de hoy? ____

_____

_____

_____

_____

    ¿El lugar donde Dios usó este nombre y los eventos que tenían lugar nos ayudan a entender mejor el significado del nombre? _____

_____

_____

_____

_____

Explica ¿por qué? _____

_____

_____

_____

¿Qué situaciones acontecían que las personas necesitaban saber que Dios era el Todopoderoso? _____

_____

_____

_____

_____

¿Qué demuestra este nombre al ser utilizado por Dios en los eventos que tenían lugar? _____

_____

_____

_____

_____

Como estudiantes de la Biblia sabemos que la revelación bíblica es progresiva. Que *Elohim* sea un plural de *Eloah* probablemente es un indicio de la Trinidad de Dios: Padre, Hijo y Espíritu Santo. Hay otro posible significado o explicación para esto. Los dioses paganos tienen el nombre y el verbo escrito en plural. El Dios de Israel, en cambio, tiene el nombre en plural y el verbo en singular. Esto podría significar que *Elohim* es «el Dios sobre todos los dioses o el poder sobre todo poder». Él es Dios sobre todos los dioses. Por eso, Salmos 82:1 afirma: «Dios [*Elohim*] ocupa su lugar en su congregación; Él juzga en medio de los jueces [*Elohim*]».

En Isaías 42:8 leemos: «Yo soy el Señor, ese es mi nombre; mi gloria a otro no daré, ni mi alabanza a imágenes talladas». Se nota que para Dios y para Su pueblo el nombre significaba Su esencia. Esto explica por qué Él cambiaba los nombres de aquellos a quienes elegía. Así lo hizo con Abraham y Sara, y con Pedro, cuando los llamó para la misión que deberían asumir.

Los diferentes nombres de Dios eran considerados sustitutos para designarlo en relación con cada momento histórico y evento que vivían. Salmos 54:1 es un ejemplo de ello: «¡Sálvame! Oh Dios, por tu nombre, y hazme justicia con tu poder». En ese caso la designación es *Elohim*.

Si Dios, un creador amoroso y soberano no solo nos formó a nosotras, sino también a todo lo que existe, entonces, la existencia de cada una de nosotras fue diseñada con un propósito específico por providencia divina.

¿Este conocimiento debe cambiar la forma en que vemos e interpretamos los acontecimientos de la vida? ¿Sí o no?

_____

_____

_____

_____

¿Este conocimiento debe cambiar la forma en que vemos e interpretamos las acciones de otras personas, aun de aquellas que nos resultan difíciles de tratar? _____

_____

_____

_____

_____

En resumen:

Conocer que Dios es creador y soberano debe cambiar nuestra forma de pensar y actuar. Los demás atributos de Dios están basados en estos principales. Él existía antes de todo, es independiente de todo, es soberano y controla cada circunstancia. Todo cuanto existe en el mundo refleja Su gloria. Sin embargo, solo los seres humanos fueron creados a Su imagen. En consecuencia, el propósito de nuestra existencia debe ser reflejar Su gloria. Conocer a *Elohim* como creador debe cambiar nuestra forma de pensar y vivir. Si somos criaturas suyas, a Él debemos servir y obedecer.

¿Cómo conocer el significado de este nombre cambia mis deseos y forma de vivir? _____

_____

_____

_____

¿Qué me enseña este nombre de cómo debo vivir a la luz de quién es Dios y quién soy yo? _____

_____

_____

_____

_____

¿Qué debo cambiar en mi vida para que otros vean esta cualidad de Dios en acción a través de mí? _____

_____

_____

_____

_____

¿Conozco a Dios en mi propia vida en relación con la verdad que este nombre manifiesta? _____

_____

_____

_____

_____

¿Qué quiere Dios que yo entienda o piense sobre Él en relación con este nombre? _____

_____

_____

_____

_____

¿Conocer el significado de este nombre aumenta mi confianza en Él? _____

_____

_____

_____

_____

¿Qué me enseña este nombre sobre quién soy yo a la luz de quién es *Elohim?* _____

_____

_____

_____

_____

¿Qué nos enseña este nombre de cómo se supone que debemos relacionarnos con Dios? _____

_____

_____

_____

_____

¿Conozco a Dios en mi propia vida en relación con la verdad que este nombre manifiesta? _____

_____

_____

_____

_____

¿Qué aprendemos de cómo relacionarnos con los demás para representarlo de acuerdo con la majestad de este nombre? _____

_____

_____

_____

_____

Semana 5

Jehová Jireh

El Dios proveedor

DÍA 1

Solo hay un versículo donde este nombre aparece. Sin embargo, hay innumerables evidencias de Su provisión a lo largo de toda la Biblia.

Lee el siguiente versículo:
· Génesis 22:14

Génesis 22:14 señala: «Y llamó Abraham aquel lugar con el nombre de El Señor Proveerá, como se dice hasta hoy: En el monte del Señor se proveerá».

Para entender bien el significado espiritual de este versículo necesitamos ubicarnos en el lugar donde fue dado. Cuando pensamos en Dios como proveedor, usualmente, lo que viene a nuestra mente es lo que requerimos en el diario vivir: techo, alimento, ropa, etc. Sin embargo, aunque Dios es quien provee todas esas necesidades, esto no es lo más esencial para nuestras vidas ni es a lo que se refiere el versículo. Le fue dado a Abraham en el monte Moriah, el sitio al que, según Génesis, Abraham subió con su primogénito Isaac para sacrificarlo a Dios. Recordemos que Yahvéh mandó a Abram y Sarai a salir de su ciudad natal, Ur de los caldeos, donde siempre habían morado, para vivir como peregrinos el resto de sus vidas. Durante ese tiempo, ellos tuvieron que pasar muchas situaciones difíciles. Una de ellas fue el problema entre sus obreros y los de su sobrino Lot por el beneficio de la tierra.

Leemos que el desenlace de este conflicto fue que Lot, de un modo egoísta, en lugar de ceder la tierra respetuosamente a su tío, eligió ir donde él pensó que tendría mayor beneficio. Sin embargo, a pesar del comportamiento de Lot, Abraham demostró ser un hombre de Dios. Intercedió por su sobrino Lot cuando el Señor le advirtió que destruiría a Sodoma y Gomorra. Abraham tomó a sus obreros y arriesgó las vidas de todos (incluida la suya) para ir a la guerra con la coalición de reyes que derrotó a Sodoma y rescatar a Lot, que había sido llevado al cautiverio. A pesar de ser nómadas, Abraham había empezado a acumular muchas riquezas.

Sin embargo, el anhelo de su corazón, que era tener un hijo con Sara, no lo había conseguido. Cuando él tenía 100 años, el Señor complació el deseo de su corazón con el nacimiento de Isaac. La razón es clara; Dios deseaba que ellos aprendieran a depender totalmente de Él.

Elohim había provisto todo para ellos, aun el milagro de tener un hijo. Ese hijo fue Isaac. Sin embargo, en la mente de Dios había algo más, una lección mayor que Abram no había aprendido todavía: su rendición completa.

Leamos Génesis 22:1-2: «Aconteció que después de estas cosas, Dios probó a Abraham, y le dijo: ¡Abraham! Y él respondió: Heme aquí. Y Dios dijo: Toma ahora a tu hijo, tu único, a quien amas, a Isaac, y ve a la tierra de Moriah, y ofrécelo allí en holocausto sobre uno de los montes que yo te diré». Vemos la increíble respuesta de Abraham en el versículo 3: «Abraham se levantó muy de mañana, aparejó su asno y tomó con él a dos de sus mozos y a su hijo Isaac; y partió leña para el holocausto, y se levantó y fue al lugar que Dios le había dicho». Su obediencia nos demuestra que él había aprendido a caminar con Dios. De igual modo, había desarrollado tal confianza en Él que estaba seguro de que el Señor proveería. Así, observamos que se levantó temprano y en el camino dijo a sus mozos: «yo y el muchacho iremos hasta allá, adoraremos y volveremos a vosotros» (Gén. 22:3-5). Abraham sabía que los pensamientos de Dios no son como los nuestros (Isa. 55:8) y confiaba por entero en Él. Isaac era el hijo de la promesa. Abraham había sido testigo de que Dios volvió a la vida una matriz que ya estaba muerta para hacer posible el nacimiento de Isaac. Aunque no sabía cómo Dios lo haría, confiaba totalmente en el Creador y sabía que Él haría lo mejor (Heb. 10:23).

Abraham aseguró a sus siervos que regresaría. Aunque Isaac era joven tenía suficiente edad para entender que subían la montaña con todo, pero sin el animal del sacrificio. Imagínate lo que Abraham sintió cuando su hijo le preguntó: «Padre mío. […] Aquí están el fuego y la leña, pero ¿dónde está el cordero para el holocausto?» (Gén. 22:7).

¿Cómo crees que se sentía Abraham mientras subía la montaña camino a sacrificar a su propio hijo? _____

_____

_____

_____

_____

Si se te presentara una situación igual, ¿crees que podrías subir la montaña sin que tu hijo se diera cuenta del inmenso dolor y la extrema lucha que ocurre en tu interior? _____

_____

_____

_____

_____

¿Sientes que Dios te ha pedido en alguna ocasión renunciar a alguno de tus anhelos? _____

Si es así, ¿podrías compartirlos? _____

_____

_____

_____

_____

¿Obedeciste? _____

DÍA 2

Lee una vez más:
   Génesis 22:14

Observa las personas a quienes Dios les habla, el momento que se vivía en el pueblo de Dios y los acontecimientos que tenían lugar. Parte de lo anterior y responde: ¿qué aprendemos sobre las reacciones de las personas en los acontecimientos leídos? ¿Qué aprendemos de su carácter, su naturaleza, sus actitudes y su confianza? _____

_____

_____

_____

_____

¿Hay alguna similitud entre esas acciones y las tuyas? _____

_____

_____

_____

Me imagino que esta petición debió partir en dos el alma de Abraham. Dios le había pedido el sacrificio de su hijo amado. Sin embargo, una vez más observamos su confianza total en la respuesta del versículo 8: «Dios proveerá para sí el cordero para el holocausto, hijo mío». Conocemos el resto de la historia, llegaron al lugar, Abraham edificó el altar y ató a su hijo Isaac en el altar sobre la leña, extendió su mano y tomó el cuchillo para sacrificar a su hijo. En ese momento el ángel lo frenó y Dios proveyó un carnero que estaba enredado por los cuernos en un matorral.

¿Cómo crees que Abraham se sintió cuando vio el carnero?

_____

_____

_____

¿Cómo crees que Isaac se sintió cuando Dios proveyó un sustituto? _____

_____

_____

_____

Abraham e Isaac vivieron alrededor de 2000 años antes de Cristo. Sin embargo, este evento puede considerarse un símbolo de la provisión que Dios haría en el futuro. Él proveería el cordero perfecto (Jesús) para perdón de nuestros pecados.

¿El momento en que Dios usó este nombre y los eventos que tenían lugar nos ayudan a entender mejor el significado del nombre? _____

_____

_____

_____

Explica ¿por qué? _____

_____

_____

_____

¿Por qué en esa situación era necesario que las personas supieran que Dios era Jehová *Jireh?* _____

_____

_____

_____

¿Qué demuestra este nombre al ser utilizado por Dios en los eventos que tenían lugar? _____

_____

_____

_____

¿Qué quiere Dios que yo entienda o piense sobre Él en relación con este nombre? _____

_____

_____

_____

_____

¿Qué cambios puedes hacer para buscar a Jehová *Jireh* en los acontecimientos difíciles de tu vida? _____

_____

_____

_____

_____

¿Conocer el significado de este nombre aumenta mi confianza en Él? _____

_____

_____

_____

_____

DÍA 3

Lee una vez más:
Génesis 22:14

Hay otro aspecto interesante del significado del nombre Jehová *Jireh*. Otro de sus significados es «ver». A simple vista podríamos preguntarnos: ¿por qué es necesario ver cuando hablamos sobre la provisión? El término *provisión* está compuesto de dos partículas: «pro», que significa antes, y «visión», que es la percepción de la realidad a través de la vista. Entonces, provisión es ver de antemano lo que es necesario. Esto es exactamente lo que Dios hace. Él conoce nuestras necesidades antes de que vayamos a Él a presentárselas en oración (Mat. 6:8). Más que eso, las conoce aun antes de que los eventos ocurran.

Revisemos lo que hemos estudiado hasta ahora:

a) Yahvéh no está limitado por el tiempo. Por tanto, el pasado y el futuro son como un presente para Él. Reconocemos Su omnisciencia, no hay nada que Él no conozca.

b) Como Él es todopoderoso, El-Shaddai, siempre tiene la solución perfecta y absoluta.

Lee Efesios 1:4.

Si fuimos elegidas desde antes de la fundación del mundo cuando el pecado no existía, entonces *Elohim,* en Su omnisciencia, preparó un plan antes de que lo necesitáramos.

La provisión del carnero para sustituir a Isaac salvó su vida física y apuntó al Mesías. Sin embargo, Isaac aún vivió en pecado. Por eso necesitaba una provisión espiritual. El sacrificio de Jesús fue esa provisión no solo para él, sino también para toda la humanidad que luego llegaría al Señor en arrepentimiento. Entonces, la Biblia nos demuestra que Dios no solo proveyó lo que realmente necesitábamos, sino también que está pendiente de todo y en Su perfecto plan estuvo dispuesto a solucionarlo aun antes de crearnos.

Abraham le creyó a Dios y caminó en obediencia, aunque la petición no parecía razonable ni apropiada. Dios en Su misericordia protegió a Isaac. Generaciones después, la bendición de Dios a través de su semilla fue derramada sobre cada nación y tribu cuando Cristo pagó el precio de nuestra deuda.

En Abraham vemos que la fe implica más que oír y creer, incluye también la obediencia. Las hijas de Dios debemos aplicarnos las promesas a nuestras vidas (Sant. 1:22-25).

Si confiamos en Cristo para nuestra seguridad eterna, ¿no creen que podemos confiar en Él en nuestra existencia terrenal? Tal como afirma un refrán popular: «Eso se cae de la mata». *El-Shaddai,* el Todopoderoso también es Jehová *Jireh,* ¡el único que puede proveer lo que necesitamos!

¿Crees que Isaac era un ídolo en las vidas de Sara y Abraham? _____

_____

_____

_____

_____

¿Cómo se define un ídolo? _____

_____

_____

_____

Isaac definitivamente fue un ídolo para Abraham y Sara. Sin embargo, con el tiempo Abraham demostró su crecimiento espiritual al poner la obediencia a Dios por encima de todo, aun de su propio hijo.

¿Cuáles son tus ídolos? _____

_____

_____

_____

_____

DÍA 4

Lee una vez más:
    Génesis 22:14

Tenemos que identificar todas las cosas a las que damos mayor importancia que a Dios. Debemos destruir todo ídolo que poseamos. La única forma de hacer esto es identificarlos y conocer mejor los atributos y el carácter de nuestro Dios. Al ofrecerle a Él nuestros ídolos, no perdemos nada, aunque así nos sintamos en el momento. En cambio, ganamos lo que nuestro corazón ha anhelado toda la vida. Obtenemos la llenura del Espíritu Santo, que invadirá cada área de nuestro ser hasta desbordarnos y permitirnos compartirlo con quienes están a nuestro alrededor (Juan 7:38).

¿Qué quiere Dios que yo entienda o piense sobre Él en relación con este nombre? _____

_____

_____

_____

_____

¿Conocer el significado de este nombre aumenta mi confianza en Él? _____

_____

_____

_____

¿Qué me enseña este nombre sobre quién soy yo a la luz de quién es Jehová *Jireh?* _____

_____

_____

_____

¿Qué nos enseña este nombre de cómo se supone que debemos relacionarnos con Dios? _____

_____

_____

_____

_____

DÍA 5

Lee una vez más:

Génesis 22:14

¿Conozco a Dios en mi propia vida en relación con la verdad que este nombre manifiesta? _____

_____

_____

_____

_____

¿Qué aprendemos de cómo relacionarnos con los demás para representar al Señor de acuerdo con la majestad de este nombre? _____

_____

_____

_____

_____

¿Cómo conocer el significado de este nombre cambia mis deseos y forma de vivir? _____

_____

_____

_____

_____

¿Qué me enseña este nombre de cómo debo vivir a la luz de quién es Dios y quién soy yo? _____

_____

_____

_____

_____

¿Cómo puedo cambiar mi vida para que otros vean esta cualidad de Dios en acción? _____

_____

_____

_____

_____

Semana 6

Jehová rapha

El Dios sanador o restaurador

DÍA 1

La palabra *rapha* aparece 60 veces en el Antiguo Testamento, casi siempre en relación con sanar, restaurar o curar en términos físicos. Sin embargo, otras veces se incluye en sentido moral o espiritual. Ya hemos visto que Yahvéh (Jehová) es el Dios que siempre ha existido y existirá, el Señor. Cuando se combina con el vocablo *Rapha,* entonces lo concebimos como «el Sanador»; aquel que sana las necesidades de Su pueblo.

Lee los siguientes versículos:
Éxodo 15:25,26
Salmos 103:3
Isaías 53:5
Jeremías 3:22

Es realmente común que cuando pensemos en Jehová *Rapha,* lo primero que viene a nuestra mente es la sanación física. Sin embargo, este nombre abarca mucho más que lo corporal. No todas estamos enfermas en sentido físico, pero la herencia de Adán provoca que nazcamos enfermos espiritualmente. Esa es la razón por que necesitamos la sanación espiritual que nos es dada a través de Cristo. Sabemos que las enfermedades entraron al mundo por el pecado (Rom. 5:12). Sin embargo, no todas las enfermedades son causadas por el pecado humano (Juan 9:2-3).

Cuando Dios habló a Su pueblo en Éxodo 15:26, estas fueron Sus palabras: «Si escuchas atentamente la voz del SEÑOR tu Dios, y haces lo que es recto ante sus ojos, y escuchas sus mandamientos, y guardas todos sus estatutos, no te enviaré ninguna de las enfermedades que envié sobre los egipcios; porque yo, el SEÑOR, soy tu sanador».

Esto ocurrió justo después de las plagas que Dios mandó a los egipcios por su rebelión. Aunque el Señor se refería a las enfermedades físicas, la razón para estas fue la desobediencia. De manera que la condición para que Dios no retirara Su protección contra trastornos físicos era que lo obedecieran.

Para ubicarnos mejor en la historia, Dios acababa de sacar a la nación judía de la esclavitud de Egipto. Allí tuvieron la protección del Señor porque no sufrieron las diez plagas con que Él castigó a los egipcios, aun cuando vivían en el mismo territorio.

Dios demostró Su poder a los egipcios al enviar cada plaga contra uno de sus dioses. Así mismo, protegió a los judíos y les evitó todo tipo de padecimiento.

Más adelante, cuando los judíos huyeron y llegaron al mar Rojo, Dios utilizó a Moisés para abrir el mar y ellos milagrosamente lo cruzaron en seco. Cuando los egipcios intentaron cruzar para perseguirlos, el mar se cerró y desaparecieron bajo las aguas. Pensaríamos que al experimentar las poderosas manifestaciones de Dios a su favor crecería la fe y la confianza del pueblo en el Señor que los mantuvo a salvo. No obstante, veremos más adelante cuál fue su actitud.

¿Has tenido momentos en tu vida donde Dios se ha manifestado a tu favor de un modo extraordinario? _____

_____

_____

_____

_____

Explica. _____

_____

_____

_____

¿Cómo esa experiencia afectó tu fe en Dios? _____

_____

_____

_____

¿Crees que es más fácil ser obediente cuando se tiene una fe más fuerte? _____

_____

_____

_____

_____

DÍA 2

Lee una vez más:
Éxodo 15:25,26
Salmos 103:3
Isaías 53:5
Jeremías 3:22

Continuemos con la historia. Cuando los judíos llegaron al otro lado del mar entraron en el desierto de Shur. Después de andar tres días sin encontrar agua potable, llegaron a Mara. Allí encontraron agua, pero no pudieron beberla porque era amarga. Enseguida el pueblo comenzó a murmurar contra Moisés y decían: «¿Qué beberemos?» (Ex. 15:24). En solo tres días, ¡la gratitud hacia Dios había desaparecido! Aunque la manifestación era que tenían sed, su problema en realidad no era físico, sino espiritual. Dios, en Su paciencia, hace otro milagro y sana las aguas para aliviar su sed física (Ex. 15:25).

Aunque Jehová *Rapha* sanó el agua para aliviar su sed, ¿crees que la sanación que el pueblo necesitaba en ese momento era física o espiritual? _____

Explica ¿por qué? _____
_____
_____
_____

Sabemos que la muerte y las enfermedades entraron en el mundo por el pecado de Adán y Eva. Sin embargo, el pueblo judío demostró que los pecados persistían y las enfermedades continuaban su propagación.

Observa las personas a quienes Dios les habla, el momento que se vivía en la historia del pueblo de Dios y los acontecimientos que tenían lugar y responde:

¿Qué aprendemos sobre las reacciones de las personas en los acontecimientos leídos? Es decir, ¿qué aprendemos de su carácter, su naturaleza, sus actitudes, su confianza y su comportamiento? _____

_____

_____

_____

_____

¿Hay alguna similitud entre esas actitudes y las tuyas? _____

_____

_____

_____

_____

Sin la intervención de Dios, ¿hubiera sido posible la conversión de las aguas de Mara de amargas a dulces? _____

_____

_____

_____

_____

¿El lugar y los eventos que ocurrían en ese momento nos ayudan a entender mejor el significado del nombre? _____

_____

_____

_____

_____

Explica ¿por qué? _____

_____

_____

_____

Dios les había demostrado que Él no solo estaba en control del agua cuando abrió el mar, sino que también controlaba las enfermedades.

¿El pueblo judío había hecho algo para ganar el favor de Dios? _____

Los eventos que acabamos de narrar fueron muestras de Su gracia inmerecida. Por ello, son como un mensaje de Dios que expresa: «Examínense, Yo soy justo, ustedes no son mejores que los egipcios y, si pecan, también sufrirán las consecuencias».

Lee Deuteronomio 8:2.

¿Vemos que Dios organiza los eventos para que el pueblo reconociera lo que había en su corazón? _____

_____

_____

Lee Deuteronomio 8:16.

¿Por qué crees que Dios quería humillarlos? _____

_____

_____

_____

_____

¿En cuáles momentos o acontecimientos de tu vida, específicamente, debes invocar a Jehová Rapha? _____

_____

_____

_____

¿Qué puedes hacer para buscar a Jehová *Rapha* en los acontecimientos difíciles de tu vida? _____

_____

_____

_____

_____

DÍA 3

Lee una vez más:
Éxodo 15:25,26
Salmos 103:3
Isaías 53:5
Jeremías 3:22

Una forma de mantenernos enfocados cuando estamos en tribulaciones es recordar: «Si Dios *está* por nosotros, ¿quién *estará* contra nosotros?» (Rom. 8:31).

Al evaluar tu vida, ¿has visto que la mano del Señor te protege? ¿Lo has visto como tu sanador? _____

_____

Enumera algunos de esos acontecimientos y, si puedes, narra cómo Él te ayudó. _____

_____

_____

_____

_____

¿Qué aprendemos sobre el carácter y la naturaleza de Dios a través de este nombre? _____

_____

_____

_____

_____

Dios deseaba que ellos supieran que, aunque Él es el Dios que protege y sana, lo más importante no es la sanación física, sino la espiritual. El Señor les proveyó lo que necesitaban al llevarlos a Elim, donde había doce fuentes de agua (2 Cor. 9:8). Él es fiel a Su pacto aun cuando nosotras no somos fieles a Él (2 Tim. 2:13). Nosotras servimos a un

Dios que se goza en dar, y en abundancia. Sin embargo, en ciertos momentos nos deja sufrir escasez para que reflexionemos y podamos ver la maldad en nuestro corazón.

¿Has pasado por tiempos difíciles donde el Señor te demostró lo que había en tu corazón? _____

Explica. _____

_____

_____

_____

_____

Salmos 103:3 nos asegura: «Él es el que perdona todas tus iniquidades, el que sana todas tus enfermedades».

Como nuestro Dios es trino, ¿cuál de las personas de la Trinidad nos da la salvación? _____

_____

_____

_____

_____

¿Qué quiere Dios que yo entienda o piense sobre Él en relación con el nombre Jehová *Rapha?* _____

_____

_____

_____

_____

«Mas Él fue herido por nuestras transgresiones, molido por nuestras iniquidades. El castigo, por nuestra paz, *cayó* sobre Él, y por sus heridas hemos sido sanados» (Isa. 53:5).

¿Conocer el significado del nombre que hemos estudiado aumenta mi confianza en Él? ¿Por qué? _____

_____

_____

_____

_____

¿Qué me enseña este nombre sobre quién soy yo a la luz de quién es Jehová *Rapha?* _____

_____

_____

_____

_____

DÍA 4

Lee una vez más:
> Éxodo 15:25,26
> Salmos 103:3
> Isaías 53:5
> Jeremías 3:22

Cuando nos arrepentimos de nuestros pecados y rendimos nuestras vidas a Cristo, Él nos sana espiritualmente. En innumerables casos, ese cambio de vida espiritual produce un cambio de vida emocional, que en múltiples ocasiones hasta previene nuestras enfermedades físicas.

«Volved, hijos infieles, yo sanaré vuestra infidelidad. Aquí estamos, venimos a ti, porque tú, el SEÑOR, eres nuestro Dios» (Jer. 3:22).

En este pasaje observamos una vez más que la sanidad que necesitamos es espiritual. El pueblo judío había sido infiel a Dios al adorar ídolos. Sabemos, por la historia, que el castigo por no volverse a Dios fue ser invadidos por Babilonia, lo que conllevó la destrucción de Jerusalén y del templo de Salomón.

En Éxodo 15:25 leímos que Moisés «clamó al SEÑOR, y el SEÑOR le mostró un árbol; y él *lo* echó en las aguas, y las aguas se volvieron dulces». En ese momento Dios utilizó un árbol como un símbolo que apuntaba al futuro, para sanar las aguas. Miles de años después, ese símbolo cobró vida en Su hijo y en una madera en forma de cruz lo clavó para sanar nuestras vidas espirituales.

Dios puede cambiar nuestras aguas amargas y convertirlas en dulces ¡si lo llevamos todo al pie de la cruz! Sin embargo, esto requiere que escuchemos primero el susurro del Señor (1 Rey. 19:12). Muchas veces el ruido del mundo es tan alto que ahoga la voz de Dios en nuestras vidas. En otras ocasiones es el sonido de nuestra propia voz interior, que incluye nuestros deseos y anhelos, el que opaca lo que Dios nos dice. No podemos oír lo que Él nos dice porque Su voz no concuerda con todas nuestras ambiciones. Para que Su voz se oiga, necesitamos menguar (Juan 3:30) y ser intencionales en buscar lo que trata de decirnos.

Por otro lado, escuchar Su voz requiere someternos a lo que Él pide, actuar en obediencia y aplicar lo que nos manda, aun si fuera en contra de nuestra voluntad.

Dios es el sanador de toda enfermedad que podamos padecer. Salmos 147:3 nos recuerda: «El Señor (Jehová) [...] sana a los quebrantados de corazón, y venda sus heridas». Aunque la sanación física es importante, lo más valioso es que Él nos sanó de nuestra enfermedad espiritual; algo que nos llevaría a la perdición. Dios nos eligió, nos llamó y regeneró nuestra mente. Su plan perfecto: que luego de ser crucificado y haber resucitado dejó a la tercera persona de la Trinidad para morar en nosotras, a fin de que ¡no nos apartáramos de Él! Es Dios, nuestro sanador, Jehová *Rapha*, para todas las que hemos puesto nuestra confianza en Él y dejado atrás el viejo yo. El Señor cambia nuestra agua amarga en agua dulce a través de Su sacrificio en un madero. Cuando nuestro Salvador (Jehová *Rapha*) expiró en la cruz se llevó a la tumba el precio de nuestros pecados.

Para refrescar lo que hemos dicho antes, ya hemos visto que Dios es:

> el Dios creador o *El Elohim*;
> el Dios Todopoderoso o *El-Shaddai*;
> el Dios omnipresente o *El Yahvéh*;
> el Dios proveedor o *El* Jehová *Jireh*;
> el Dios exaltado o *El-Elyon*;
> el Señor y Maestro o *El Adonai*;
> el Dios que sana o *El* Jehová *Rapha*.

Cuando nos encontramos en una situación difícil donde las aguas nos saben amargas, nuestra tendencia común es tratar de tomar control de la situación para resolverla en nuestra propia fuerza. Dios quiere demostrarnos que Él es el único que está en control de cada situación y nuestra dependencia de Él debe ser total. Dios desea que nos ciñamos a hacer solo lo que Él nos pida, en la forma y el momento en que lo pida. De ese modo, si el Señor decide no cambiar las circunstancias que atravesamos, Él cambiará nuestro corazón para que el acontecimiento no nos resulte tan amargo. Las lecciones que aprendemos se convierten, entonces, en enseñanzas para nuestro dulce bien (Sal. 30:11-12).

Él es un Dios de amor (1 Jn. 4:8). Está por nosotras (Rom. 8:31) y desea que tengamos una vida de abundancia (Juan 10:10). Debemos entender que si pasamos por tribulaciones es porque nuestro Dios amoroso tiene un propósito, aunque no entendamos lo que Él quiere de nosotras, todo resultará para nuestro bien (Rom. 8:28).

Resumen:

Al evaluar tu vida, ¿has podido apreciar que la mano del Señor te protege en algunas circunstancias? ¿Lo has visto como tu proveedor, tu ayudador o tu sanador? _____

_____

_____

_____

_____

Enumera algunos de esos acontecimientos y, si puedes, narra lo ocurrido y la forma en que percibiste que fue Él quien te sanó. _____

_____

_____

_____

_____

¿Qué quiere Dios que yo entienda o piense sobre Él en relación con este nombre? _____

_____

_____

_____

_____

DÍA 5

Lee una vez más:

Éxodo 15:25,26
Salmos 103:3
Isaías 53:5
Jeremías 3:22

¿Conocer el significado de este nombre aumenta mi confianza en Él? _____

_____

_____

_____

_____

¿Qué me enseña este nombre sobre quién soy yo a la luz de quién es Él? _____

_____

_____

_____

_____

¿Qué nos enseña este nombre de cómo debemos relacionarnos con Dios? _____

_____

_____

_____

_____

¿Conozco a Dios en mi propia vida en relación con la verdad que este nombre manifiesta? _____

_____

_____

_____

¿Qué aprendemos de cómo relacionarnos con los demás para representarlo de acuerdo con la verdad de este nombre?

_____

_____

_____

_____

¿Cómo conocer el significado de este nombre cambia mis deseos y actitudes en mi forma de vivir? _____

_____

_____

_____

_____

¿Cómo? _____

_____

_____

_____

_____

¿Qué me enseña este nombre de Dios, de cómo vivir a la luz de su significado y de quién soy yo? _____

_____

_____

_____

_____

¿Cómo debo actuar en mi vida para que otros vean esta cualidad de Dios en acción a través de mí? _____

_____

_____

_____

_____

Semana 7

Jehová Shalom

Dios es nuestra paz

DÍA 1

La palabra *shalom* se traduce como «paz» en el idioma hebreo. Sin embargo, no tiene la misma connotación que en español. Cuando en español hablamos de paz, para nosotras significa la ausencia de contiendas, violencia u hostilidad. En el hebreo, en cambio, tiene un sentido mucho más profundo. Denota armonía, calma, tranquilidad. Es algo similar a lo que se siente cuando el espíritu está en calma.

Solo hay dos versículos en la Biblia donde aparece la expresión de Dios *shalom*. Sin embargo, la paz de Dios se evidencia a lo largo de toda la Biblia.

Jueces 6:23,24.

Lee Jueces 4:1–5:31.

Para situarnos en la historia bíblica, cuando Dios utilizó esta palabra ya habían pasado 40 años desde que Él le otorgó la victoria a Su pueblo en la contienda de Barac contra Sísara. En este caso Dios había utilizado a la profetisa Débora para transmitirle las instrucciones a Barac. Débora era una mujer que oía la voz de Dios y se dejaba usar por Él. El pueblo judío vivía un tiempo de rebelión y desobediencia. Sin embargo, por Su misericordia Él les dio la victoria sobre sus enemigos (Jue. 4:1–5:3).

Lee Jueces 6:1-24.

A pesar de la gracia que Dios había demostrado hacia Su pueblo: «Los hijos de Israel hicieron lo malo ante los ojos del Señor, y el Señor los entregó en manos de Madián por siete años». (Jue. 6:1). Entonces, un día el ángel del Señor se presentó a Gedeón mientras este sacudía el trigo en el lagar para esconderlo de los madianitas. El ángel lo llamó valiente guerrero (Jue. 6:12) y lo mandó a liberar a Israel (Jue. 6:14). Gedeón estaba en verdad confundido por las tribulaciones que atravesaba y no sabía que la razón de esas angustias era que el pueblo estaba bajo disciplina por su desobediencia.

Él había concluido que Dios los había abandonado y estaba lleno de temor y de muchísimas preguntas.

En Jueces 6:12-16, cuando el ángel se le acerca y le ordena ir a liberar al pueblo de los madianitas, le asegura la victoria al expresar: «Yo estaré contigo, y derrotarás a Madián como a un solo hombre» (Jue. 6:16). Gedeón, aún confundido y lleno de dudas, pidió una señal. Preparó una comida. El ángel no solo recibió su ofrenda, sino que también la quemó como sacrificio. Es entonces cuando Gedeón se da cuenta de que había hablado con Dios mismo. El ángel del Señor es la segunda persona de la Trinidad, el Cristo preencarnado: «Y el Señor le dijo: La paz [shalom] sea contigo, no temas; no morirás. Y Gedeón edificó allí un altar al Señor y lo llamó El Señor es Paz [shalom], el cual permanece en Ofra de los abiezeritas hasta hoy» (Jue. 6:23-24).

Observa a Gedeón (a quien Dios le habla), la historia que vive en ese momento el pueblo de Dios y los acontecimientos que tienen lugar y responde:

¿Qué aprendemos sobre las reacciones de los personajes en los acontecimientos leídos? Es decir, ¿qué aprendemos de su carácter, su naturaleza, sus actitudes, su confianza y su comportamiento? _____

_____

_____

_____

_____

¿Hay alguna similitud entre las acciones que leíste y las tuyas en algún momento de tu vida? _____

_____

_____

_____

¿El lugar donde Dios usó este nombre y los eventos que ocurrían en ese momento nos ayudan a entender mejor el significado del nombre? _____

_____

_____

_____

_____

Explica ¿por qué? _____

_____

_____

_____

_____

¿Qué demuestra este nombre al ser utilizado por Dios en los eventos que tenían lugar? _____

_____

_____

_____

_____

DÍA 2

Lee una vez más:

Jueces 6:23,24

Isaías 9:6

De acuerdo con este pasaje, ¿quién es nuestro Príncipe de paz? _____

_____

_____

_____

_____

Nota que el ángel no dijo que tendría paz después de derrotar a los madianitas, sino que el ángel que iba con él sería su paz. ¡Es el encuentro con Cristo lo que trae paz a nuestras vidas!

Dios es nuestra paz (Rom. 15:33). Isaías nos advirtió 700 años antes de que Jesús hiciera Su aparición en este mundo que Él será el «Príncipe de Paz» (Isa. 9:6).

En el nacimiento de Jesús, Dios, para que entendiéramos que Él sería «nuestra paz» anunció a los pastores: «Gloria a Dios en las alturas, y en la tierra paz entre los hombres en quienes Él se complace» (Luc. 2:14). Debemos notar que Dios no dice «a todos los hombres», sino a aquellos «... en quienes Él se complace». Creo que esta frase nos obliga a responder ¿quiénes son aquellos en quienes Dios se complace? La verdadera paz solo existió en el Jardín de Edén. Cuando Adán y Eva cayeron, el mundo entero inició una degeneración total y todo lo que Dios creó se vio afectado por el pecado (Rom. 8:22).

Por tal razón, la única forma en que nosotras podemos experimentar la paz en medio de un mundo caído es al regresar al Creador. Como esto es imposible por nuestra misma naturaleza pecadora, Dios envió a Su Hijo para rescatarnos. El problema ahora es que esta relación no es automática, como lo era en Edén, sino que hay algo que nosotras debemos hacer para acercarnos a Él.

¿Estás arrepentida de tus pecados? ¿Has entregado tu vida a
Cristo? _____

_____

_____

_____

Si nunca has entregado tu vida al Señor es fácil hacerlo. Puedes hacerlo
tú sola o en compañía de alguien que sea cristiano. Consiste en admitir
que eres pecadora y pedir perdón por haber quebrantado la ley del
Dios perfecto. Debe ser de corazón, pues algunas personas se dejan
llevar por un momento de emoción y al poco tiempo ni se acuerdan
del compromiso que hicieron. Necesitas admitir que Cristo murió en
tu lugar y pagó en la cruz el precio de tu deuda ante el Padre. Luego
de esto, precisas dedicar tu existencia a Él y vivir por Él. Esto no
significa que jamás pecarás, vivimos en un mundo donde el pecado
ronda a nuestro alrededor y nos hace caer. Sin embargo, al reconocer a
Cristo como Salvador, el Espíritu Santo mora contigo y te da el poder
de rechazar todo aquello que deshonre a Dios. Eso crea un lazo de
paz entre tú y Dios y te ayuda a vivir en obediencia y mantener la paz
mientras atraviesas las circunstancias difíciles de la vida.

Cuando caminamos con Cristo, aun en medio de las tribulaciones, podemos experimentar esta paz: «la paz de Dios, que sobrepasa
todo entendimiento» (Fil. 4:7).

DÍA 3

Lee una vez más:

Jueces 6:23,24

El Padre es el Dios de *shalom* y Cristo es el Príncipe de paz. Solo a través de una relación con Cristo hallamos esa paz. Únicamente tendremos la verdadera paz si hacemos de Jesús el Señor de todo en nuestra vida.

¿Has tenido tiempos en tu vida en que pudiste sentir Su paz aun en medio de las tribulaciones? _____

_____

Explica. _____

_____

_____

_____

_____

¿Has vivido tiempos en tu vida en que no sentías Su paz?

_____

¿Pudiste notar qué te ocurría en momentos en que desobedecías Sus mandatos? _____
Explica. _____

_____

_____

_____

_____

Más de 200 años antes de que Dios se revelara como «Jehová *Shalom*» (el Dios de paz), se reveló como «Jehová *Mekaddesh*» (el Dios que santifica). Todo lo que el Señor hace es perfecto y tiene un propósito. Es manifiesto que hay una relación directa entre tener la paz de Dios y nuestra santificación.

Cuando el Señor se le presentó a Gedeón, los judíos ya habían entrado a la tierra prometida, el lugar que Dios llamó «tierra de reposo» (Josué 1:13). Este pueblo había experimentado los milagros del Señor, desde abrir el mar Rojo hasta los milagros en el desierto y muchos más. Sin embargo, no pudieron experimentar la paz del Señor porque eran desobedientes. Recordemos que Dios los había separado como un pueblo santo para Él, pero ellos habían perdido el estándar del Creador y comprometido sus principios.

En el capítulo 6 de Jueces leemos que Dios los había entregado en manos de los madianitas por su comportamiento. Estos destruyeron todo lo que los judíos sembraron y los dejaron sin sustento. La situación no solo era difícil, sino también frustrante. Como es evidente, ¡los judíos fueron devastados y humillados! ¿Qué hicieron entonces? ¡Clamaron al SEÑOR! ¿Qué hizo Dios? Los rescató a través de un hombre común y corriente. Gedeón no tenía nada extraordinario. Lo que pudo hacer fue porque obedeció a Dios.

Cuando vivimos en obediencia a Dios tenemos paz con Él y con los demás. Esto sucede porque buscamos mantener la paz (Sal. 34:14), nos apartamos del mal y procuramos el bien. Jesucristo es nuestra paz. Entonces, cuando buscamos la paz y vivimos en armonía (Rom. 14:19), Él nos la da.

Esta enseñanza es para nosotras también. Dios no habla de una simple tregua de los judíos con los madianitas, ¡el Señor pide que Su pueblo se vuelva a Él! Entonces entendemos que *shalom* no es una ausencia de guerra en nuestras vidas, sino un contentamiento, una liberación de la culpa y una satisfacción con la vida porque tenemos la paz con Dios.

Entonces, ¿cuál es la única fuente de esta paz? _____

_____

_____

_____

Por supuesto, sin el Espíritu Santo que mora en nosotras sería imposible obtener la paz. Al estar en nosotras, Él nos da la capacidad de tener un corazón totalmente devoto a Cristo (Rom. 8:9).

DÍA 4

Lee una vez más:
   Jueces 6:23,24

La paz del mundo es pasajera. Por ello, no tiene las mismas características que la paz de Dios. Esta es mucho más profunda, integral y duradera. Permanecerá por la eternidad porque Jesucristo es nuestra paz y vive para siempre. El Hijo pagó al Padre el precio de nuestra paz. Entonces, como dijimos antes, para adquirir esta paz *(shalom)* con Dios, debes arrepentirte de tus pecados y pedir perdón. De ese modo, el Espíritu Santo morará en tu ser. Luego de esto, ¡deberás cederle el control de tu vida a Cristo!

   ¿Cómo puedes entender correctamente el significado del nombre «Jehová *Shalom*» en su contexto literario? _____
   _____
   _____
   _____
   _____

   ¿Qué puedes hacer para buscar la paz en los acontecimientos difíciles de tu vida? _____
   _____
   _____
   _____
   _____

   ¿Qué aprendemos sobre el carácter y la naturaleza de Dios a través de este nombre? _____
   _____
   _____
   _____
   _____

¿Qué quiere Dios que yo entienda o piense sobre Él en relación con este nombre? _____

_____

_____

_____

DÍA 5

Lee una vez más:

Jueces 6:23,24

¿Conocer el significado de este nombre aumenta mi confianza en Él? _____

_____

_____

_____

¿Qué me enseña este nombre sobre quién soy yo a la luz de quién es Jehová *Shalom*? _____

_____

_____

_____

¿Qué me enseña este nombre de cómo debo relacionarme con Dios? _____

_____

_____

_____

¿Conozco a Dios en mi propia vida en relación con la verdad que este nombre manifiesta? _____

_____

_____

_____

¿Qué aprendemos de cómo relacionarnos con los demás para representar a Dios de acuerdo con este nombre? _____

_____

_____

_____

_____

¿Cómo conocer el significado de este nombre cambia mis deseos, actitudes y forma de relacionarme con otras personas? _____
_____
_____
_____
_____

¿Qué me enseña este nombre de cómo debo vivir a la luz de quién es Dios y quién soy yo? _____
_____
_____
_____
_____

¿Cómo puedo cambiar mi vida para que otros vean esta cualidad de Dios a través de mí? _____
_____
_____
_____
_____

PARTE II

SEMANA 8

Jehová tdsikenú: El Señor es nuestra justicia, nuestra diestra

Jehová nissi: El Señor es nuestro estandarte.

El Señor está por encima de todo lo que existe. En la Biblia Dios es representado en muchas ocasiones como nuestra diestra (o derecha), que significa que Él es nuestra justicia. Ahora, la justicia bíblica no es igual a la justicia humana. Los estándares humanos muchas veces son cambiantes, no necesariamente justos ni rectos desde la perspectiva de Dios.

En tiempos antiguos la justicia era crítica en un gobernante, una de las características principales por la cual los gobiernos se medían. Hoy en día, los latinoamericanos de esta generación podemos identificarnos profundamente con eso. Escuchamos y leemos quejas a diario, un clamor conjunto en cada país de Latinoamérica por mejores sistemas y gobiernos justos. Denuncias de corrupción plagan los titulares y los medios sociales.

Existen diversas formas de injusticia que ocurren a diario en Latinoamérica. Recuerdo una noticia de una aldea de mi país donde un padre había robado un pollo para alimentar a sus hijos y pasó tres años en prisión sin enfrentar juicio. Aunque entendemos que el robo no tiene justificación, vemos por otro lado a los políticos y los funcionarios de gobierno robar cantidades exorbitantes de dólares de las arcas públicas. Esos que deberían servir a los intereses del pueblo no enfrentan la justicia y actúan abusivamente. Con frecuencia, vemos noticias de servidores públicos que hacen fiestas y conducen vehículos de lujo pagados con fondos estatales. A la par de eso, nos enteramos de personas que mueren en hospitales públicos por falta de solución salina o de jeringas. ¿Dónde está la justicia?

Esos niveles de injusticia son indignantes. La indignación es un sentimiento normal, como reacción a la injusticia, sobre todo cuando esta no es un hecho aislado, sino sistémica. Cuando pocos terminan en la cárcel, lo hacen bajo condiciones realmente privilegiadas en comparación con el resto de los «pecadores». Eso añade aún más indignación. Sin embargo, eso es solo parte del problema, si la justicia fuera algo relativo. El problema es el estándar que utilizamos para declarar algo como justo o no.

Por lo general, nuestro estándar personal se convierte en el estándar para medir todo, los hechos, las personas, los acontecimientos, etc. Sin embargo, el ser humano está caído y nadie es por completo objetivo. Solo nos fijamos en cómo hemos juzgado algo o a alguien cuando nosotras o un familiar cae en algo similar. Tendemos a minimizar el pecado o la ofensa cuando los transgresores somos nosotras o alguien a quien amamos. Nadie está exento de eso, ni la persona más íntegra. En innumerables ocasiones somos completamente ciegas a la realidad y nos convertimos, en medio de nuestra ceguera, en parte del problema de la injusticia. Por eso la Biblia solo llama justos a aquellos que son declarados por Dios de esa forma. Por supuesto, eso no significa que sean necesariamente justos de manera intrínseca ni infalible. Ningún ser humano sobre la tierra lo es.

Solo Cristo pudo cumplir enteramente la justicia de Dios. En contraste, la mayor injusticia del ser humano, denunciada por Dios el Creador, es que el ser humano le ha dado la espalda y se ha rebelado contra el Omnipotente, Señor soberano de todo.

La justicia puede ser un sustantivo y un adjetivo. En primer lugar, es un sustantivo, un sujeto en sí mismo. Puede ser utilizado de igual forma como un adjetivo, para definir a alguien o algo con esas características. En el caso de los nombres de Dios, aunque Él actúa con justicia, veremos que en la Biblia es revelado en Su Hijo encarnado como la justicia. Aún más asombroso es que esa justicia se nos imputa o atribuye a nosotras por Cristo, a todos los pecadores. Humanamente esto NO sería justo, que la justicia del que es realmente justo se le cuente a un asesino, mentiroso, ladrón o violador. Todas nosotras somos pecadoras constituidas justas por medio de Él. Con esto en mente, iniciemos el estudio de este nombre de Dios.

DÍA 1

¿Cuántas veces se encuentra esto en la Biblia? (En la concordancia *Strong* este nombre es encontrado con el código H3072).

NOTA: la *Concordancia Strong* o el *Diccionario Vine* son buenas herramientas que puedes utilizar para referencias. Solo recuerda que, en los nombres compuestos de Dios, los que son Jehová / *YAHVÉH* / *EL,* las palabras en hebreo que lo acompañan son utilizadas de otras formas en otras porciones de la Biblia. Saber esto evitará interpretaciones erradas. Por eso enfatizamos que siempre mires el contexto.

Escribe cuántas veces aparece el nombre en el Antiguo Testamento y en el Nuevo Testamento respectivamente.

A.T._____

N.T._____

116 veces (KJV)

«En sus días Judá será salvada, e Israel morará seguro; y este es Su nombre por el cual será llamado: "El Señor, justicia nuestra"» (Jer. 23:6, NBLA). H3072

> Jeremías 33:16 (NBLA) afirma: «En aquellos días Judá estará a salvo y Jerusalén morará segura, y este *es el nombre* con el cual será llamada: el Señor es nuestra justicia». ¿En qué se basaba la seguridad del pueblo de Dios, representado como «Judá» y «Jerusalén»? ¿De quién era la justicia imputada?
>
> _____
>
> _____
>
> _____
>
> _____
>
> _____
>
> _____

Busca el significado de «imputar» y escríbelo en tus propias palabras. _____

_____

_____

_____

Completa los espacios en blanco.

Daniel 9:7 (NBLA): «Tuya es la _____, oh Señor, y nuestra _____ en el rostro, como *sucede* hoy a los hombres de Judá, a los habitantes de Jerusalén y a todo Israel, a los que están cerca y a los que están lejos en todos los países adonde los has echado, _____ de las infidelidades que cometieron contra _____».

Génesis 15:6 (NBLA): «Y *Abram* _____ en el Señor, y Él se lo _____ por _____».

Génesis 18:19 (NBLA): «Y Yo lo he escogido para que mande a sus hijos y a su casa después de él que guarden _____, haciendo _____ y _____, para que el Señor cumpla en Abraham todo lo que Él ha dicho acerca de él».

Busca en el diccionario la mejor definición que puedas encontrar de estas palabras y escríbela debajo:

- Justicia: _____

_____

- Juicio: _____

_____

- Equidad: _____

_____

- Igualdad: _____

_____

- ¿Qué diferencias llaman tu atención? _____

_____

Deuteronomio 6:25 (NBLA): «Y habrá justicia para nosotros si _____ delante del Señor nuestro Dios, tal como Él _____».

Deuteronomio 9:4-6 (NBLA): «No digas en tu corazón cuando el Señor tu Dios los haya echado de delante de ti: "Por _____ justicia el Señor _____ ha hecho entrar para poseer esta tierra", sino *que es* _____ *que* el Señor las expulsa de delante de ti. No es por tu justicia ni por la rectitud de tu corazón que vas a poseer su tierra, sino que por la maldad de estas naciones el Señor tu Dios las expulsa de delante de ti, para confirmar el pacto que el Señor juró a tus padres Abraham, Isaac y Jacob. Comprende, pues, que no *es* por tu justicia *que* el Señor tu Dios te da esta buena tierra para poseerla, pues eres un pueblo terco».

Deuteronomio 16:20 (NBLA): «La _____, *y solo* la _____, para que vivas y poseas la tierra que _____ te da».

Isaías 5:16 (NBLA): «Pero _____ será exaltado por *Su* _____, y el Dios _____ se mostrará _____ por *Su* _____».

En **Isaías 9:7 (NBLA)** leemos: «El aumento de *Su* soberanía y de la paz no tendrán fin Sobre el trono de David y sobre su reino, Para afianzarlo y sostenerlo con el derecho y la justicia Desde entonces y para siempre. El _____ _____ hará esto». ¿Qué importancia tiene el énfasis de esta última frase? ¿Por qué?

_____

_____

_____

_____

Parte de este pasaje y describe tu idea de un mundo, un tiempo y una era donde la justicia de Dios gobierne completamente. Hazlo lo más personal posible.

_____

_____

_____

_____

_____

El gobierno universal justo descrito en Isaías es un rol mesiánico de Cristo, ¿cómo nos beneficia a nosotras? _____

_____

_____

_____

_____

¿Cómo estamos llamadas a imitar Su ejemplo como personas que tenemos Su Espíritu Santo y que nos identificamos con Él?

_____

_____

_____

_____

¿Por qué razón la búsqueda de la justicia es un mandato para el pueblo de Dios?

_____

_____

_____

_____

¿Cuáles serán las consecuencias y para quién?

_____

_____

_____

_____

DÍA 2

¿Cómo puedo entender correctamente este nombre a la luz de su contexto en los pasajes donde se encuentra? _____

_____

_____

_____

_____

¿El lugar donde Dios usó este nombre y los eventos que ocurrían en ese momento nos ayudan a entender mejor el significado que el nombre tenía para la audiencia original?

_____

Explica ¿por qué? _____

_____

_____

_____

¿Qué quiere Dios que yo entienda o piense sobre Él en relación con este nombre? _____

_____

_____

¿Este nombre aumenta mi confianza en Él? _____

_____

¿Qué aprendemos sobre las reacciones de las personas en los acontecimientos leídos? (Es decir, ¿qué aprendemos de su carácter, naturaleza, actitud, confianza, comportamiento, etc.?). _____

_____

_____

_____

_____

¿En qué épocas o eventos de la vida del pueblo de Dios Él se revela a ellos con este nombre: El Señor es nuestra justicia? _____

_____

_____

_____

El Señor se revela como justicia de Su pueblo en diversos puntos claves de su historia. De este lado de la cruz:

¿Qué me enseña este nombre sobre cómo debo vivir a la luz de quién es Dios y quién soy yo?

_____

_____

_____

¿Qué implica en tu vida que DIOS se revele como tu justicia? _____

_____

_____

_____

Escribe el texto bíblico de los versículos y dos referencias adicionales donde se utilice el nombre de Dios en ese contexto:

Hechos 13:10 (NBLA):
«Tú, hijo del _____, que estás lleno de todo _____ y _____, enemigo de _____, ¿no cesarás de torcer los caminos rectos del Señor?»

Romanos 5:21 (NBLA):

«Para que así como el pecado reinó en la muerte, así también _____ reine por medio de la _____ para _____, mediante Jesucristo nuestro Señor».

2 Timoteo 2:22 (NBLA):

«Huye, pues, de las _____ y sigue la _____, la _____, el _____ y la paz, con los que invocan al Señor con un _____».

En los versículos anteriores ¿Qué otros elementos y cualidades acompañan la justicia en el pueblo de Dios? Nota que estos son también características y atributos de Dios asociados con Su carácter. El Señor no sacrifica Su justicia por Su amor, cumple ambos de manera perfecta en Cristo. Parte de esto y da algún ejemplo bíblico de cómo vemos la justicia (en Dios y en Su pueblo) en relación con cada uno de los elementos enlistados a continuación:

	en Dios	en Su pueblo
Fe		
Amor		
Paz		
Corazón puro		

Medita en 2 Timoteo 4:8 (NBLA):

«En el futuro me está reservada la corona de justicia que el Señor, el Juez justo, me entregará en aquel día; y no solo a mí, sino también a todos los que aman Su venida».

¿Qué me enseña este nombre sobre cómo debo vivir a la luz de quién es Dios y quién soy yo?

_____

_____

_____

_____

¿Qué nos enseña este nombre de cómo se supone que debemos relacionarnos con Dios?

_____

_____

_____

_____

¿Conozco a Dios en mi propia vida en relación con la verdad que este nombre manifiesta?

_____

_____

_____

_____

¿Cómo puedo cambiar mi vida para que otros vean esta cualidad de Dios en acción?

_____

_____

_____

_____

RESUMEN

Haz un resumen (también puede ser un dibujo, un diagrama o un bosquejo gráfico) de los aspectos del carácter de Dios, la obra de Cristo y la relación con los creyentes que acompañan al nombre de «El SEÑOR nuestra JUSTICIA». Utiliza los términos encontrados en este capítulo.

DÍA 3

El Señor es nuestra diestra. Según otras fuentes, «diestra» también se utiliza como símbolo del Mesías y de Jerusalén en relación con el Mesías y el remanente. Recordemos que Dios siempre diferenció entre el pueblo de Israel como nación y los «verdaderos descendientes de Abraham» no por la circuncisión humana sino por la fe (Rom 2:28; Gál 3:7).

Fui misionera en Taiwán por casi nueve años y, mientras trataba de aprender mandarín (una odisea por sí sola ya que es más difícil de lo que puedas pensar), escuché unas charlas de un pastor de Singapur que analizaba los caracteres chinos, su significado y relación con la cosmovisión cristiana. Esto me pareció sorprendente. Mi símbolo preferido es *yi* =義. Se pronuncia «í», la «y» es muda. Este signo está formado por dos radicales (dos partes). El radical de arriba es *YANG*, que significa «cordero». El radical inferior, es *WO,* que significa «yo». Entonces, esta representación que expresa justicia, justo o rectitud moral, básicamente tiene el trasfondo del «cordero sobre mí». ¡Guau! Este es uno de los principios teológicos de nuestra salvación que cada día mueve mi corazón a gratitud. ¿Por qué? Desde niña he luchado con no sentirme suficiente. El pecado trae el perfeccionismo, que puede ser destructivo. Tal vez como yo, has sentido que no eres suficientemente_____ (puedes llenar el espacio en blanco). En mi caso, siento que siempre quedo corta. Mucho de esto puede venir de un perfeccionismo pecaminoso. A medida que mi caminar con el Señor ha avanzado, me he dado cuenta de una gran realidad que nadie quiere reconocer: no damos en el blanco. No le atinamos. Nos quedamos cortas. Mi orgullo necesita recordar que no soy suficiente, pero que Cristo, el justo y perfecto, sí lo es. Él es suficiente en mí y en cada una de nosotras.

Nuestra rectitud moral nunca será suficiente para ganarnos una posición delante de Dios. La justicia o rectitud humana siempre quedará corta. Solo CRISTO el justo, puede hacer que, a través de SU justicia, la obtenida por «el Cordero que fue inmolado», yo sea encontrada justa. Solo por la justicia puesta sobre mí, al ver el cordero sobre mí y atribuirme SU justicia, puedo ser vista como justa. Dios, nuestra justicia, es un entendimiento que nos coloca en la posición correcta para pedir ayuda y recibirla de parte de Dios.

¿Cómo defines la rectitud?

¿Cuál es el estándar para determinar según la Biblia qué o quién es recto, justo o quién no? Si comparamos lo que somos (con todas nuestras desviaciones) con lo que Él considera recto, sin olvidar que el estándar es SU RECTITUD, llegamos a la inevitable conclusión de que necesitamos al Salvador. Sin la rectitud moral de Cristo no podemos satisfacer la rectitud moral de Dios. Nuestro moralismo es «como trapo de inmundicia». Nuestras mejores obras también lo son.

¿Significa esto que no debo esforzarme por hacer lo correcto? Todo lo contrario. Conocer y tener la libertad de ser declaradas justas por Dios es lo que nos mueve e inspira a honrarlo por amor y a SER rectas. Hay una diferencia entre actuar rectamente y ser rectas. La motivación de la primera es el amor y la adoración a Dios. Por eso Sus mandamientos no son gravosos. La segunda es un intento fallido para cumplir nuestra propia justicia.

Lee y copia:

Jeremías 23:5-6

Jeremías 33:16

Cuando Jeremías habló esta profecía, el reino de Judá estaba a punto de caer. Estaba lleno de idolatría, opresión, violencia y revolución política. El rey Sedequías, cuyo nombre en hebreo, *Tsidkiyahu,* significa «el Señor es mi justicia», no se comportó a la altura de su nombre. En cambio, su vida fue como la de muchos reyes: «hizo lo malo ante los ojos del Señor» (2 Rey. 24:19). El reino del norte de Israel había entrado en cautiverio más de 100 años antes. En apariencia, Judá no aprendió nada del juicio de Dios sobre ellos. Fue bajo estas condiciones que el Señor dio esta profecía de Jehová *Tsidkenu*. Dios, en Su misericordia y bondad, quita el enfoque del rey del momento y los anima con la promesa de que un día vendrá «el Rey mayor», que se llama Jehová *Tsidkenu* (Jer. 23:6; 33:16).

Incluso en el Antiguo Testamento el pueblo de Dios reconocía que la santidad era necesaria para la salvación. Sin embargo, no comprendía la perfección, el estándar de Dios era imposible para el ser humano. Nadie podría ganar la salvación por obras. El alma que peque debe morir (Ezeq. 18:20) y, como Dios es justo, sería una injusticia dejar que los pecadores entraran al cielo. Entonces el Creador ideó un plan donde un hombre justo moriría para que nuestros pecados fueran imputados a Él y Su justicia fuera imputada a todos los seres humanos. Isaías predijo alrededor de 700 años antes de Cristo, en el capítulo 11:1-5: «brotará un retoño del tronco de Isaí [...]. Y reposará sobre Él el Espíritu del Señor [...]. La justicia será ceñidor de sus lomos, y la fidelidad ceñidor de su cintura». Luego, en el capítulo 53:11 habla de alguien especial: «el Justo, mi Siervo, justificará a muchos, y cargará las iniquidades de ellos». Jesús fue el único hombre que vivió una vida perfecta y cumplió la ley. Él es este Siervo Justo «que no conoció pecado, le hizo pecado por nosotros, para que fuéramos hechos justicia de Dios en Él» (2 Cor. 5:21).

Hebreos 1:8-9 señala: «Pero del Hijo *dice:* Tu trono, oh Dios, es por los siglos de los siglos, y cetro de equidad es el cetro de tu reino. Has amado la justicia y aborrecido la iniquidad; por lo cual Dios, tu Dios, te ha ungido con oleo de alegría más que a tus compañeros». Hebreos 2:9, por su parte, afirma: «Pero vemos a aquel que fue hecho un poco inferior a los ángeles, *es decir,* a Jesús, coronado de gloria y honor a causa del padecimiento de la muerte, para que por la gracia de Dios probara la muerte por todos». Jesucristo es nuestro Jehová *Tsidkenu.* Por Su obra en la cruz Dios nos ve como justas. En consecuencia: «En gran manera me gozaré en el Señor, mi alma se regocijará en mi Dios; porque Él me ha vestido de ropas de salvación, me ha envuelto en manto de justicia como el novio se engalana con una corona, como la novia se adorna con sus joyas» (Isa. 61:10).

REFERENCIA BÍBLICA	¿Qué hace, comanda o promete «el Señor de los ejércitos»?	¿Qué significa esta revelación en ese momento histórico? ¿Qué puede significar a la luz de la cruz?: para el autor para la audiencia	Aplicación Personal
Isaías 61:10			
Jeremías 23:5-6			
Jeremías 33:16			

DÍA 4
Jehová *Nissi*
El Señor es mi estandarte

Éxodo 17:15:
«Y edificó Moisés un altar, y le puso por nombre El Señor es mi Estandarte».

Este nombre solo se encuentra en un sitio en la Biblia, en Éxodo 17:15. Las banderas, los himnos y los escudos nacionales son un identificador importante. La ciudadanía nos da un sentido de identidad y pertenencia que no encontramos en ningún otro lugar. Es una de las principales características que reflejan nuestra identidad cultural, geográfica e histórica. Todos esos aspectos tienen un carácter formativo, es decir, mucho de lo que somos es formado por nuestra identidad nacional.

Para entender el significado de este nombre nos situaremos en la historia de los judíos. Dios había demostrado Su poder en favor de ellos. Se habían multiplicado de una pequeña familia de 70 (Gén. 46:27) a una nación de 600 000 hombres (aproximadamente dos millones de personas). De estos Dios haría un pueblo para sí (Ex. 12:37-38), los sacaría de Egipto. Ellos vieron cómo el Omnipotente los salvó de las diez plagas que sufrieron los egipcios. Aunque vivían en el mismo lugar, ninguno de los descendientes de Jacob fue tocado, pasaron por tierra seca cuando Dios abrió el mar Rojo y vieron la muerte del ejército egipcio en ese mismo mar. Al caminar, tuvieron una columna de nube durante el día para guiarlos. Así mismo, una columna de fuego los acompañó durante la noche para calentarlos e iluminar el lugar, protegerlos de bestias, animales salvajes y temperaturas bajo cero propias del desierto (Ex. 13:17-22).

Llegaron a Mara y, al no tener agua para beber, Dios proveyó a través de Moisés, a pesar de sus quejas (Ex. 15:22; 20:26). Después, en otro episodio de falta de agua donde el Señor muestra Su poder y provisión por segunda vez (Ex. 17:1-7) camino a la tierra prometida, se encuentran el ejército amalecita que se les oponía y les hacía frente (Ex. 17:8-16). Los judíos no tenían ejército, solo eran hombres, mujeres y niños con todas sus posesiones y animales que acababan de salir de 400 años de esclavitud. Este pueblo tenía una desventaja evidente. En innumerables ocasiones en la historia de la nación de Dios esto ha ocurrido, pero en cada instancia es el Señor quien obtiene la victoria y se la otorga a Su pueblo.

El libro de Jueces nos muestra, así mismo, un ciclo descendente donde el pueblo de Dios hacía lo que parecía bien antes sus ojos, luego clamaban a Dios, Él levantaba un juez, les daba la victoria y luego descanso. Sin embargo, el pueblo constantemente se desviaba detrás de sus propios caminos y abandonaba al Dios que les había dado la victoria. Un problema con la victoria es que olvidamos quién peleó, quién la logró y a quién le debemos fidelidad, gloria y agradecimiento. La victoria de cada batalla del pueblo de Dios le pertenece al Señor. Es en EL SEÑOR DE LA VICTORIA, y no en la victoria *per se,* donde debe enfocarse la vida del pueblo.

Es en medio de estos acontecimientos donde aparece el nombre del «Señor nuestra bandera». El pueblo de Israel no tenía experiencia en la guerra y el poder de su enemigo lo sobrepasaba por mucho. Moisés eligió a Josué y escogieron algunos hombres para ir a la batalla. Acompañado por su hermano Aarón y por Hur, fueron a la montaña para orar. Mientras Moisés tenía en alto sus manos, Israel prevalecía, cuando las dejaba caer, prevalecía Amalec. Entonces Aarón y Hur ayudaron a Moisés a tener sus manos en alto hasta que los judíos ganaron la batalla.

¿Quién ganó la batalla? Dios. Recordemos una gran verdad del Señor: «la batalla no es de ustedes, sino de Dios» (2 Crón. 20:15, NBLA). «El Señor es *fuerte* guerrero» (Ex. 15:3). Dios había hecho un pacto con Israel y cubrió su desnudez (Ezeq. 16:8). Dios demostró que Él es «nuestro refugio y fortaleza, *nuestro* pronto auxilio en las tribulaciones». (Sal. 46:1). Moisés entendió esto, edificó un altar y lo nombró «el Señor es mi estandarte», mi bandera, mi refugio.

Cuando nos sentimos amenazadas e inseguras, corremos al sitio más familiar. Un niño corre a los brazos de su madre porque se identifica con ella y sabe que es el lugar más seguro. Un pródigo regresa a casa donde sabe que será recibido y protegido. «El Señor es mi estandarte» representa el único lugar seguro, la única identidad segura para el pueblo y los hijos de Dios: DIOS mismo. Una vez más, Él es el lugar y la persona de la victoria. El Señor es nuestro estandarte. Esto se convirtió en una imagen perpetua que el judío entendía claramente. El Dios que actuaba en su favor debía ser el objeto de su adoración. Sin embargo, el pueblo buscaba a Dios más por el beneficio de la victoria nacional que por la herencia espiritual que representaba ser Su pueblo.

Nuestra batalla mayor es espiritual, no física (Ef. 6:12). El único que podía ganarla era Jesucristo, y lo hizo. Él perdonó nuestra iniquidad y cubrió todo nuestro pecado (Sal. 85:2). Lo hizo para que, en aquel día cuando estemos frente al Juez, nos encontremos vestidas, cubiertas, seguras e identificadas con la justicia de Cristo. Entonces podremos orar como el salmista: «¡Cuán bienaventurado es aquel cuya transgresión es perdonada, cuyo pecado es cubierto! ¡Cuán bienaventurado es el hombre a quien el Señor no culpa de iniquidad» (Sal. 32:1-2).

En 1 Corintios 15:57 Pablo nos enseñó sobre el pecado, el aguijón de la muerte: «Pero a Dios gracias, que nos da la victoria por medio de nuestro Señor Jesucristo». Esto cambia nuestra forma de vivir hasta el día en que nos presentemos ante el Señor, el Juez, porque Él dejó a Su Espíritu Santo para morar en nosotras, identificarnos como suyas y, por medio de Él, clamar ¡Abba Padre! (Rom. 8:15; Gál. 4:6) y dar a conocer esta gracia a otros. Podemos identificarnos bajo la bandera del nombre de CRISTO y ondearla en alto porque Él no se avergüenza de los que son suyos (Heb. 2:11; 11:16).

DÍA 5

Este es un nombre propio. Uno que es no solo de reconocimiento, sino también de identificación con base en las relaciones. Es un identificador relacional: define a la persona a partir de su relación con otros. Hace poco tiempo me casé. Alguien hizo un comentario porque decidí, como es costumbre, utilizar el apellido de mi esposo en adición a mi apellido paterno. Este apellido me identifica parcialmente, no solo como el mundo me conoció por más de 40 años, sino también porque ahora está basado en una relación. Esta es, después de Cristo, la relación más importante que puedo tener. En el antiguo Israel las banderas o estandartes tenían un significado para las tribus en el origen de la nación.

Salmos 60:4:
«Has dado un estandarte a los que te temen, para que sea alzado por causa de la verdad. *(Selah)*».

> ¿Qué o quién, según el contexto, es el estandarte de los que temen a Dios? _____
>
> _____

> Lee el capítulo 11 de Isaías. Este pasaje habla del Mesías que vendría. En ese contexto, el versículo 12 enseña que el estandarte sería levantado como una figura de Cristo. Explica cómo podemos ver a Cristo como el estandarte o la bandera de Su pueblo.
>
> _____
>
> _____
>
> _____
>
> _____

Isaías 11:12 afirma: «_____ un estandarte _____ las naciones, _____ a los desterrados de Israel, y

_____ a los dispersos de Judá de los cuatro confines de la tierra».

¿Cuáles son las acciones o «propósitos» del estandarte descritos en Isaías 11? _____

_____

_____

_____

Isaías 49:22 (NBLA)

«Así dice el Señor Dios: "Levantaré hacia las naciones _____, y hacia los pueblos alzaré _____. Traerán a tus hijos en brazos, y tus hijas en hombros serán llevadas». ¿Qué podría significar esto para los que escuchaban esta profecía en el tiempo de Isaías?

Cuando entendemos, en su contexto original, el significado que posee «el Señor es nuestro estandarte», ¿cómo nos ayuda a vivir mejor hoy?

_____

_____

_____

_____

¿Qué revelan sobre Dios los eventos que tenían lugar?

_____

_____

_____

_____

¿Cómo puedo entender correctamente que el Señor es mi estandarte a la luz de su contexto en los pasajes donde se encuentra?

_____

_____

_____

_____

_____

_____

¿Qué significa que Dios haya utilizado este nombre para revelarse en ese momento y en medio de esos eventos que Él preparó?

_____

_____

_____

_____

_____

_____

Explica ¿por qué? _____

_____

_____

_____

_____

_____

¿Qué nos enseña este nombre de cómo se supone que debemos relacionarnos con Dios?

_____

_____

_____

_____

_____

¿Conozco a Dios en mi propia vida en relación con la verdad que este nombre manifiesta?

_____

_____

_____

_____

_____

_____

¿Qué significa, a la luz de todo lo estudiado, vivir una vida victoriosa con el entendimiento de que «Dios nuestro estandarte» es una persona con quien relacionarse y no algo que obtener? Escribe tu reflexión al respecto.

_____

_____

_____

_____

_____

_____

SEMANA 9

Jehová Mekkodishkem

El Señor que te santifica

El atributo de Dios más enfatizado en la Escritura es Su santidad. Me impacta ver cómo en estas instancias Dios no solo se presenta como santo, sino también como el que santifica, aparta, separa para un fin, para sí mismo, a Su pueblo. Eso ocurre de manera corporativa, cuando Él separa el pueblo para sí. Este es un tema transversal en toda la Biblia. Sin embargo, también lo vemos en el aspecto individual, cuando Dios aparta individuos para Su servicio y, en general, para salvarlos y que lo amen, no solo para servirlo.

Jehová *Mekoddishkem,* «el SEÑOR que nos / te santifica», puede ser de igual forma entendido como «el Señor que te ha apartado». Es prerrogativa de Dios separar o apartar a quien Él desea para Sus propósitos, conforme a Su consejo. Dios es soberano, por eso, decide cómo escoge, a quién escoge y el propósito por que lo hace. Lo vemos en toda la literatura profética y a lo largo de la Escritura. La diversidad de los trasfondos y los modos en que Dios usó a distintas personas en la Biblia es multiforme.

Éxodo 31:2-5:
«Mira, he _____ por nombre a Bezaleel, hijo de Uri, hijo de Hur, de la tribu de Judá. Y lo _____ del Espíritu de Dios en sabiduría, en inteligencia, en conocimiento y en toda *clase* de arte, para elaborar diseños, para trabajar en oro, en plata y en bronce, y en el labrado de piedras para engaste, y en el tallado de madera; a fin de que trabaje en _____».

Busca en el diccionario o en un diccionario bíblico los términos que se enlistan a continuación. Escribe al lado de la definición tus notas y observaciones:
  • Sabiduría: _____

  _____

  _____

  _____

  _____

• Conocimiento: _____
_____
_____
_____
_____

• Arte: _____
_____
_____
_____
_____

• Labor: _____
_____
_____
_____
_____

Levítico 20:7-8:
«Santificaos, pues, y sed santos, porque yo soy el Señor vuestro Dios.
_____ mis estatutos y _____. Yo soy el Señor que
_____».

En el contexto de este versículo, define qué significan los términos que
se enlistan a continuación y describe cómo se aplica esto en tu vida:

• Guarden
• Cumplan

La santificación se define como apartar algo o a alguien para dedicarlo
al Santo. Me llama la atención que la primera vez que Dios utiliza el
nombre Jehová *Mekoddishkem* es en Éxodo. El Altísimo libera milagrosamente a Su pueblo y luego le entrega los Diez Mandamientos y explica las diferentes formas prácticas de aplicarlos a sus vidas.
Luego, el Señor promete enviar un ángel para guiarlos al lugar que
Él había preparado para ellos (Ex. 23:20-21). Este se refiere al Cristo
preencarnado, el único que podía cumplir la ley. Más adelante, Dios
guía a Moisés en cómo preparar el tabernáculo que representaba la

presencia de Dios, el lugar donde los sacrificios serían realizados para el perdón de los pecados. El estándar fue dado. Sin embargo, como no podríamos cumplirlo nunca, Dios entrega juntamente la forma de resolver el problema del pecado. Esa forma apuntaba a Jesús.

Este nombre aparece por segunda vez en Levítico 20:8. Como el anterior, está en un contexto de instrucciones de cómo no pecar. Sin embargo, ahora el Señor revela que es Él quien lo hace. Luego entrega los requerimientos para la santidad de los sacerdotes, que deben representar a Jesús, y da las reglas de cómo hacer los sacrificios, que también apuntaban a Él.

Vemos que la santificación en verdad es un proceso de toda la vida. Por medio de este nos volvemos más como Cristo en nuestra forma de pensar y en nuestras actitudes y acciones. Esto sucede porque «Él es el resplandor de Su gloria y la expresión exacta de Su naturaleza [la de Dios]» (Heb 1:3, NBLA). Esto apuntaba al Dios que ha provisto todo lo que necesitamos a través de Jesucristo nuestro Jehová *Jireh*. Él ganó nuestra salvación al morir en nuestro lugar. Cuando guardamos y cumplimos Sus estatutos, Él nos santifica acercándonos a Dios y preparándonos para la eternidad con Él.

Al caminar en Sus huellas recibimos las bendiciones de Su presencia: «el mismo Dios de paz os santifique por completo; y que todo vuestro ser, espíritu, alma y cuerpo, sea preservado irreprensible para la venida de nuestro Señor Jesucristo. Fiel es el que os llama, el cual también *lo* hará» (1 Tes. 5:23-24).

El sumo sacerdote utilizaba, como parte del atuendo asignado por Dios, un turbante o gorro sobre su cabeza, en él se colocaba una lámina de oro puro grabada con las palabras «SANTIDAD A JEHOVÁ» (Ex. 28:4,36, RVR1960). La cruz también tenía una declaración referida a Jesús como rey de los judíos. La santidad de Dios es majestuosa (Sal. 29:2). Al negar Su santidad negamos Su esencia y también que la majestad, la belleza y la gloria son exclusivas de Él. Dios toma Su santidad en serio. Esta es otra razón por que Él nos santifica. El nombre y el carácter de Dios son reconocidos como santos en la santificación de Sus hijos, por su comportamiento y por la transformación de ellos a la imagen de SU HIJO. No se puede llegar a la gloria sin haber sido santificado. Esa santificación ocurre de diversas formas. En ocasiones toma solo unas horas, cuando alguien se hace creyente antes de morir. En otras oportunidades se extiende por muchos años en el peregrinar del cristiano en la tierra.

No tenemos una medida humana de la santificación. Es Dios quien pone fin al proceso al tomar nuestra vida y llevarnos a Él. CRISTO es, sin dudas, nuestra medida. Por eso, al mirar al Señor que nos santifica, sabemos que aún no lo hemos alcanzado (Fil. 3:12-14).

Es increíble que, aparte del proceso, Dios ya mira al ser humano como santo completo a través de Cristo. A la par, nos llama a continuar el camino de la santificación. ¡Estamos completas en Él! Esto parecería contradictorio. Sin embargo, es una paradoja bíblica. Por ella sabemos que Dios nos llama santas y nos ve completas a través de Cristo, pero también nos llama a continuar el camino de la santificación cada día, para ser transformadas a la imagen de Su Hijo.

Nada de lo anterior significa que hacemos algo para ganar la salvación. En cambio, representa que andamos en el camino trazado por Dios para ¡la salvación que ya hemos recibido! La santificación es algo hermoso. Por ella llegamos a parecernos más a la hermosura que caracteriza a nuestro Señor, quien nos gobierna, nos posee, nos habita a través de Su Espíritu Santo y con gran amor nos llama hijas.

DÍA 1

El otro día leí que la reina Isabel II de Inglaterra, supuestamente, en una ocasión corrigió a la princesa Diana por usar mal una diadema en un evento oficial de la Corona. Esto me hizo pensar en cómo Dios nos corona con Su santidad y nos limpia. Sin embargo, en ocasiones utilizamos mal la santidad con que Él nos ha revestido. El apóstol Pablo reprendió en varias ocasiones a los creyentes de las iglesias para que evitaran enorgullecerse de lo que Dios había hecho o de los dones que habían recibido. Les advirtió sobre el orgullo ¡aun de la salvación!

Pablo les repetía a las iglesias, de manera incesante e insistente, la palabra «gracia». Resulta increíble la capacidad humana de tomar algo SANTO de Dios y mancharlo con el pecado de orgullo al poner el «yo» en el centro. Es como utilizar mal la santidad de Cristo con que hemos sido revestidas y así manchar nuevamente nuestras vestiduras blancas, no ganadas con honra ni esfuerzo propio, sino recibidas por gracia a través de la fe.

Pablo reprendió a Pedro por su hipocresía. Así mismo, los apóstoles y el mismo Pablo reprendieron a las iglesias por sus desvíos, que debían ser corregidos de manera constante. Así, leemos lo siguiente en 2 Corintios 1:12 (NBLA): «Porque nuestra satisfacción es esta: el testimonio de nuestra conciencia que en la santidad y en la sinceridad *que viene* de Dios, no en sabiduría carnal sino en la **gracia** de Dios, nos hemos conducido en el mundo y especialmente hacia ustedes».

Nuevamente, en Efesios 2:7-9 (NBLA) leemos: «A fin de poder mostrar en los siglos venideros las sobreabundantes riquezas de Su gracia por *Su* bondad para con nosotros en Cristo Jesús. Porque por gracia ustedes han sido salvados por medio de la fe, y esto no procede de ustedes, *sino que es* don de Dios; no por obras, para que nadie se gloríe».

Comenta cómo nos habilita la gracia, para nuestra santificación.
Colosenses 3:17 (NBLA) señala:
«Y todo lo que hagan, de _____ o de _____, *háganlo* _____ en el nombre del Señor Jesús, dando **gracias** **por** medio de Él a Dios el Padre».

Hebreos 10:29 (NBLA):

«¿Cuánto _____ piensan ustedes que merecerá _____ bajo sus pies al Hijo de Dios, y ha tenido **por** _____ la sangre del pacto **por** la cual fue _____, y ha ultrajado _____ de **gracia**?».

Hebreos 12:15 (NBLA):

«Cuídense de que _____ la **gracia** de Dios; de que ninguna _____, brotando, cause _____ y **por** ella muchos sean _____».

La santidad no es meramente externa, ni se trata de modo esencial de lo que se come ni lo que se viste. Hemos sido llamadas a examinar aun las motivaciones del corazón y lo que no se ve. La santificación es un reflejo de lo que ocurre en el corazón.

En adición a esto, la Biblia también nos enseña lo siguiente en Santiago 4:17: «aquel [...] que sabe hacer _lo_ bueno y no lo hace, le es pecado». El compromiso santo de Dios respecto a lo que permite en el proceso de santificación nuestro tiene un límite. No se trata solo de los pecados por acción, sino también por omisión. Es decir, Dios pone un límite de hasta dónde llega la transgresión de aquellos que se llaman cristianos y manchan Su nombre. Él traerá toda obra a la luz. Incluidas las buenas obras que no hicimos. Eso debe llenarnos del temor de Dios.

Medita en qué cosas de tu vida te avergonzarían si fueran traídas a la luz. Si están allí, de hecho, ya avergüenzan a Cristo, Él las mira. Por tanto, toma un momento para ser examinada a la luz de la Palabra y que Dios traiga arrepentimiento. Ora.

Hebreos 13:9 (NBLA) señala: «No se dejen llevar **por** doctrinas diversas y extrañas. Porque es buena cosa para el corazón el ser fortalecido por la _____ no **por** alimentos, de los que _____ los que de ellos se ocupaban».

En Hechos 7:10 (NBLA), cuando Esteban se enfrenta al martirio, da a sus asesinos una lección de historia y teología al tiempo que les predica el evangelio. Él cita los eventos de Génesis con la historia de José y afirma: «Y lo rescató de todas sus aflicciones. Le dio gracia y sabiduría delante de Faraón, rey de Egipto, y *este* lo puso por gobernador sobre Egipto y sobre toda su casa». Este es un pasaje interesante. Todos conocemos a José como un ejemplo de integridad y sabemos cómo sufrió por honrar a Dios en esa integridad. A pesar de eso, fue Dios quien le otorgó a José la gracia y la sabiduría para realizar el propósito para el que lo estableció.

En ningún momento este pasaje acredita el resultado a la propia santidad ni al esfuerzo, sino a la soberana gracia de Dios. Esto es algo que José entendía con claridad. Podemos constatarlo al leer Génesis 50:20 (NBLA): «Ustedes pensaron hacerme mal, *pero* Dios lo cambió en bien para que sucediera como *vemos* hoy, y se preservara la vida de mucha gente».

Dios le dio a José lo que necesitaba para honrarlo. De ese modo, el nombre del DIOS de José sería conocido. La santidad del ser humano tiene el único propósito de traer gloria a DIOS. En Mateo 5:16 Jesús nos recuerda que el fin de nuestras buenas obras, que incluyen nuestra buena conducta, testimonio y lo que no se ve, es glorificar a nuestro Padre.

El nombre SANTO de Dios es glorificado en la santidad y la fidelidad del ser humano. Por tanto, nada tenemos para gloriarnos que no nos haya sido dado por Dios. Nada ganamos por mérito propio, nuestra santificación, a pesar de ser responsabilidad de cada uno, es don y regalo de Dios.

Lee y medita en cómo estos pasajes apuntan a la gracia, tanto para justificación en Dios como para la santificación que Él obra en quienes son suyos. Él está comprometido a hacer lo mismo en tu vida. Por gracia, pura gracia.

Romanos 1:5 (NBLA):
«Es por medio de Él que hemos recibido _____ y el _____ para _____ a la fe entre todos los gentiles, **por amor a Su nombre**».

Romanos 3:24 (NBLA):

«*Todos* son _____

_____ por Su gracia por medio de la redención

que es en Cristo Jesús».

Romanos 4:16 (NBLA):

«Por eso *es* por fe, para que *esté* de acuerdo _____, a

fin de que la _____ para toda la posteridad, no solo a los que

son de la ley, sino también a los que son de la fe de Abraham, quien

es padre de todos nosotros».

Romanos 5:2 (NBLA):

«Por medio de quien también hemos obtenido entrada _____

en la cual estamos _____, y nos gloriamos en la espe-

ranza de la gloria de Dios».

Romanos 5:17 (NBLA):

«Porque si por la transgresión de un hombre, por este reinó la

muerte, mucho más reinarán en vida por medio de un Hombre,

Jesucristo, los que reciben la abundancia _____ y del don

_____».

Romanos 12:3 (NBLA):

«Porque en virtud _____ que me ha sido

_____, digo a cada uno de ustedes que _____ más

de lo que debe pensar, sino que piense _____, según la

medida de fe que Dios ha distribuido a cada uno».

DÍA 2

¿Cómo defines la SANTIDAD?

¿Cuál es el estándar para determinar ante la Biblia, qué o quién es SANTO o quién no? Si comparamos lo que somos (con todas nuestras desviaciones) con lo que Él considera santo, sin olvidar que el estándar es SU SANTIDAD, llegamos a la inevitable conclusión de que necesitamos al Salvador. Sin la santidad de Cristo no podemos satisfacer la santidad de Dios. Nuestro moralismo es «como trapo de inmundicia». Nuestras mejores obras también lo son.

Números 15:40 (NBLA):

«Para que se acuerden de cumplir todos Mis mandamientos y **sean santos** a su Dios».

De acuerdo con este versículo obedecemos el mandato de ser santos al cumplir _____

_____

_____

_____

¿Cómo es esto posible?

_____

_____

_____

_____

Éxodo 31:13 (NBLA):

«Habla, pues, tú a los israelitas y diles: "De cierto guardarán _____ de reposo, porque *esto* es _____ entre Yo y ustedes por todas sus generaciones, a fin de que sepan que Yo soy el SEÑOR que los santifico"».

¿Qué relación tiene guardar el día de reposo con que Dios sea quien santifica a los que son suyos?

_____

_____

_____

_____

¿Cómo es posible esto?

_____

_____

_____

_____

Lee Marcos 2:27-28 (NVI):

«El sábado se hizo para _____, y _____ el hombre para el sábado ___ añadió ___. Así que el Hijo del hombre _____ incluso del sábado».

DÍA 3

Levítico 20:7 (NBLA):

«_____, pues, y sean santos, porque Yo soy el Señor su Dios».

> ¿De quién es la responsabilidad de santificar según este versículo? _____
>
> _____
>
> _____
>
> _____
>
> _____

Que Dios santifique a los que son suyos no es contradictorio con el mandato de santificarse que el Creador ha hecho a Su pueblo de forma corporativa y a los creyentes, de manera individual. Más bien, la razón por que nos es posible llevar a cabo el mandamiento es porque Dios nos habilita. Él lo hace por Su poder en nosotras. Porque nos habita en la persona del Espíritu Santo, tenemos la capacidad de escoger vivir, caminar y ser transformadas en santidad y reflejar así el carácter de Dios. Muchos creyentes se sienten atrapados en una dicotomía: o Dios santifica o nos santificamos nosotros. Verlo de esta forma nos llena de un sentido de derrota, cada vez que quedamos cortos. Sin embargo, que Dios nos santifique no es una contradicción a nuestra responsabilidad y participación en nuestra santificación. Es justamente el saber que Él nos santifica, lo que nos habilita y da el poder para cumplir con los mandatos de Dios, que nos llevan a ser más como Cristo, nuestra meta.

A lo largo de la historia Dios ha enseñado a Su pueblo de la misma forma en que enseñaba al pueblo guiado por Moisés. Él es claro en lo que aprueba, acepta o rechaza. Este pueblo que salía de Egipto aproximadamente en el 1446 a.C. (casi 1500 años antes de Jesús), había olvidado que sus patriarcas fueron transformados por sus encuentros con el SEÑOR SANTO. Aquel que los apartaba para Él, los cambió. A medida que Dios se revelaba como santo, ellos debían tener una respuesta que los apartaba, los distinguía y los transformaba en comparación con aquellos que no habían conocido a Dios del mismo modo. *Ese cambio debía ser a nivel de sus afectos, deseos y apetitos, no solo de sus comportamientos.* Dios introduce lo que será un amplio listado de mandatos, incluidas las leyes sanitarias, las leyes morales y las ceremoniales. El Altísimo le enseñaba al pueblo cómo relacionarse con el Dios santo. Él los santificaba. Eso implicaba que ya no podrían tratar al Señor ni relacionarse con Él como ellos lo hacían antes. Él les daba una nueva instrucción, un cambio total. Esto implica lo siguiente:

1. Dios *no* dejaría al arbitrio del pueblo, a su interpretación, juicio ni elección personal la definición de lo que era pecado o no.

2. Dios *no* permitiría que Su pueblo le ofreciera a Él sacrificio ni adoración a través de las mismas ceremonias, costumbres y rituales (ni imitación de ellos) que hacían antes con los dioses egipcios falsos.

3. Dios cambia lo que el pueblo consideraba moral o inmoral según las costumbres del mundo egipcio. El Creador establecía una diferencia entre Él y el pueblo (el pueblo y Dios no eran la misma cosa) y entre el pueblo de Dios y las naciones gentiles. No les permitiría replicar cosas que el mundo hacía para relacionarse con sus dioses. Haría esto al establecer una clara diferencia en la relación.

En Levítico 11:44 hay dos mandatos, una razón y una prohibición. Identifica cada una y comenta ¿por qué?:

Mandatos _____

Razón _____

Prohibición general _____

¿No te resulta interesante que la base de la santificación es esencialmente *la relación*? _____

El día anterior vimos que el llamado a la santidad era un rechazo a la forma de relación anterior, porque eran los términos establecidos por Dios para ser parte de Su pueblo y como consecuencia y marca de esa relación. Esto también afectaba las relaciones horizontales, es decir, entre las personas del pueblo. No seguir esas leyes y ordenanzas tenía consecuencias naturales en las relaciones humanas, las cuales Dios también quiso regular. El llamado era a SER, no solo a comportarse como santo. Eso pone en el pueblo de Dios la expectativa de un cambio de esencia y relación. Así mismo, un cambio de mente, como lo vemos en el Nuevo Testamento (Rom. 12:1-2).

> ¿Qué significaba para esa audiencia original la expresión «ser cortado o será cortado de entre su pueblo»?
>
> _____
>
> _____
>
> _____
>
> _____
>
> _____

Un principio de interpretación y aplicación de las leyes levíticas es preguntarnos: ¿Qué consecuencias tiene cada mandato y cuál sería un principio general? Esto lo hacemos al ponernos en «los zapatos» de la audiencia original, a quienes les fueron dados los mandatos.

Sabemos que solo Cristo pudo cumplir la ley a cabalidad. Entonces, ¿cómo me ayudan las leyes levíticas a vivir en santidad hoy? Con este fin, pensemos, a partir del texto y el contexto, en un ***principio general que aplica*** para el pueblo en ese entonces y para nosotras hoy (no aplicado directamente, sino con la mente puesta en una audiencia universal. Es decir, ellos en aquel entonces y nosotras hoy).

REFERENCIA LEVÍTICA	PARA EL PUEBLO EN EL DESIERTO (1446-1406 a.C.)	CREYENTES HOY

Completa los espacios:

1 Pedro 1:15-16 (NBLA):

«Sino que así como Aquel que _____es _____, así también _____ ustedes santos en _____. Porque escrito está: "Sean _____, porque Yo soy _____"».

Sabemos que el Señor que nos santifica parte de la esencia del Dios autoexistente, quien se sustenta a sí mismo y a todas las cosas. Nada de lo que Él es y revela, nada de Su persona puede depender ni ser afectado por circunstancias externas. Por ejemplo, Dios no se relaciona con el pecado. Él no es partícipe del pecado humano, por tanto, no permite que nuestro pecado lo contamine porque esto va en contra de Su naturaleza. Dios se revela a Su pueblo de manera constante y progresiva. Aún se revela a través de Su Palabra. Hay millones de personas alrededor del planeta que todavía no han escuchado el nombre de Jesús, no conocen al Dios de la Biblia. Por eso existe la Gran Comisión de hacer discípulos de todas las naciones. La grandeza y la santidad de Dios deben ser conocidas. Él desea ser conocido, no porque necesite la gloria, sino porque, como sustentador de todo lo que existe, sabe que al estar Su creación separada de Él, incluido el ser humano, va camino a la destrucción. De espalda a Dios, todo lleva a la muerte. Ser apartados para Dios y santificados por Él es lo que trae esperanza al ser humano y lo separa del destino y el camino de destrucción. Si partimos de esta verdad, podemos afirmar que cada persona salvada por Cristo ha sido dedicada de entre la universalidad, escogida para un Dios santo.

Isaías 56:2 (NVI):
«Dichoso el que así actúa,
y se mantiene _____;
el que observa el sábado _____,
y _____ de hacer lo malo».

Matthew Henry, en su comentario sobre estos pasajes, nota:

> «Si Dios por Su gracia inclina nuestros corazones a guardar la ley y el cuarto mandamiento, será evidencia de la buena obra en nosotros de Su Espíritu. Si santificamos el día del Señor, es una señal entre Él y nosotros de que Él santifica nuestros corazones. Por tanto, este es el sentido de "el hombre que guarda el sábado y se guarda de profanarlo". Cuando los judíos observaban un día de siete, después de seis días de labor, ellos testificaban y declaraban que adoraban al Dios que hizo el mundo en seis días y descansó en el séptimo. De esta forma, se distinguían a ellos mismos de entre las demás naciones, quienes habiendo perdido un día de descanso, memorial instituido desde la creación, gradualmente perdieron el conocimiento del Creador y le dieron a la criatura el honor que era debido a Él».

«… es santo para ustedes» (Ex. 31:14, NBLA) significa que «está designado para tu beneficio de igual manera que para la honra de Dios». El sábado fue hecho para el ser humano.

¿Qué te llama la atención de esta idea?

_____

_____

_____

_____

_____

¿Cómo deberías aplicar este principio a tu vida de forma práctica?

_____

_____

_____

_____

_____

DÍA 4

Lee Levítico 20:8

Hay una relación en todo el Pentateuco entre las ideas de cortar, separar y santificar. El propósito de la circuncisión, por ejemplo, era un símbolo físico de cortar, que reflejaba la verdad espiritual de la separación a que Dios llama a los suyos, mientras continuaban su caminar por la vida. Es decir, así como la circuncisión cortaba una parte para ser señal, y no todo el miembro, la santificación es una señal de separación, pero no de ausencia. Muchas veces los creyentes confundimos la santificación y la separación en los términos bíblicos y lo pensamos en sentido de ausencia del mundo. Esto es contrario a la luz de lo revelado por el mismo Jesús en Su oración por los discípulos contenida en Juan: «No ruego que los quites del mundo, sino que los guardes del mal» (Juan 17:15, RVR1960).

Todo pecado tiene consecuencias comunitarias directas o indirectas. La comunidad de creyentes y la sociedad sufren. Lo hacen por la pérdida de una persona o una relación. Las familias sufren porque el pecador es el hijo de alguien o el padre, el esposo, la esposa, el hermano o la hermana. El pecado nunca acarrea solo consecuencias individuales, sino también comunitarias.

Escribe por lo menos cinco ejemplos de cómo el pecado individual afecta a la comunidad. Agrega, como mínimo, dos ejemplos que se apliquen a la sociedad en general y dos que se apliquen a la iglesia de Cristo.

1.
2.
3.
4.
5.

Lee nuevamente Levítico 20:1-3 (RVR1960):
«Habló Jehová a Moisés, diciendo:

Dirás asimismo a los hijos de Israel: Cualquier varón de los hijos de Israel, o de los extranjeros que moran en Israel, que ofreciere alguno de sus hijos a Moloc, de seguro morirá; el pueblo de la tierra lo apedreará. Y yo pondré mi rostro contra el tal varón, y lo cortaré de entre su pueblo, por cuanto dio de sus hijos a Moloc, contaminando mi santuario y profanando mi santo nombre».

¿Quién impondría el juicio? _____

_____

¿Contra quién se ejercerá ese juicio? _____

_____

¿Qué consecuencia sufre la comunidad? _____

_____

Detente por un momento. Pide al Espíritu Santo que traiga a tu mente a alguien o una instancia donde hace poco juzgaste a una persona o un hecho con base en tu propio juicio y no necesariamente con la medida de la Palabra. Esto podría ser algo expreso o que haces solo en tu corazón.

¿Estás 100 % segura de que tu juicio es 100 % justo? ___

_____

¿Por qué? _____

_____

_____

_____

¿Contra quién has cometido una injusticia recientemente? (Pasarse semáforos en rojo, no pagar cuentas a tiempo, todo cuenta). _____

_____

_____

_____

Generalmente juzgamos conforme a nuestros valores y permanecemos ciegos ante juicios ligeros o injustos.

Esto **no quiere** decir que no debemos juzgar en ninguna instancia. Juzgar es atribuirle un valor a algo, bueno o malo. Sabemos que la violación, el robo y la avaricia son malos, son pecado porque Dios así lo ha revelado, y aun nuestras conciencias nos lo declaran. Algunas situaciones pecaminosas se endurecen progresivamente y ya no nos pesan tanto. Por ejemplo, no pagar una deuda, aunque sea pecado (no pagar una deuda es quedarse con el dinero o la propiedad de otro. Pagar impuestos está incluido, aunque lo consideremos injusto). El punto es ver que el juicio, entendido como la distinción y el valor de lo que es bueno y malo, es no solo necesario, sino también mandatorio, un examen constante que la Biblia nos llama a hacer. Lo que hace la diferencia es el estándar con el que medimos. Por ejemplo, podríamos juzgar en otros una acción que nosotras mismos hacemos, pero hipócritamente aceptamos como normal.

Veamos en mayor detalle lo que la Biblia define como justicia de Dios. Es la justicia que refleja Su carácter. No está basada en egoísmo, orgullo ni preferencias personales, sino en el estándar de Dios. Solo la Biblia nos provee ese estándar. En ella siempre vemos que la santidad de Dios está directamente relacionada con Su justicia y Su juicio.

La Biblia está llena de ocasiones y discursos de juicio contra el pecado. Los profetas nos presentan discursos que juzgan al pueblo por el pecado, basados en el estándar del Señor y en violaciones específicas a la ley y el pacto que el Creador había establecido con ellos. Dios no dejó a la consideración del pueblo ni del profeta advertir la ofensa. Él los confronta con ofensas específicas, tanto en pecados de acción como de omisión. Estos último incluían lo que Dios había mandado que el pueblo hiciera y este no había obedecido.

Parte de Levítico 20:1-27 y haz una lista de algunos de esos pecados:

Cometidos   Omitidos (algo que debían hacer y no
                             hicieron)

_____   _____

_____   _____

_____   _____

_____   _____

_____   _____

Sin importar quién sea el pecador, Dios confronta el pecado. Él no
tiene hijos favoritos a la hora de hacer frente al pecado. El Señor
no minimiza las transgresiones, sobre todo cuando vienen o están en
aquellos que se identifican con Su santo nombre (1 Ped. 4:17).

> ¿Qué pecados puedes identificar en el pueblo de Dios en
> Latinoamérica que hoy no son confrontados de manera
> adecuada y dejan en vergüenza el nombre de Cristo? Des-
> pués de reflexionar en esto y escribir tus conclusiones, toma
> un tiempo para orar por tu iglesia local y por la iglesia en
> América Latina.
>
> _____
>
> _____
>
> _____
>
> _____
>
> _____
>
> Completa los espacios en blanco y escribe un ejemplo
> de cómo esta generación viola los principios de la ley de
> Dios.
>
> _____
>
> _____
>
> _____
>
> _____

Escribe en tus palabras qué quieren decir estos mandatos.

«Si el pueblo de la tierra _____ respecto de aquel varón que hubiere _____, para no matarle, entonces yo pondré mi rostro contra aquel varón y _____, y le cortaré de entre su pueblo, _____ en pos de él _____ con Moloc» (Lev. 20:4-5, RVR1960).

Investiga en un diccionario bíblico quién era el falso dios Moloc y en qué consistía la adoración a él en los tiempos bíblicos.

_____

_____

_____

_____

¿Por qué crees que Dios estableció consecuencias para quien pecara y para su familia que lo apoyara o pasara por alto esa transgresión?

_____

_____

_____

_____

Busca otras referencias en la Biblia donde Dios compara el pecado de idolatría con la fornicación y el adulterio. Escríbelas.

_____

_____

_____

_____

_____

¿Por qué crees que Dios usa con frecuencia esta comparación?

_____

_____

_____

_____

¿Qué similitudes ves entre el pecado de idolatría y la inmo-
ralidad sexual, la fornicación y el adulterio?

_____

_____

_____

_____

DÍA 5

¿Cómo pueden mostrarse en el presente los pecados mencionados en el pasaje escrito más abajo? ¿En qué formas ocurren estas transgresiones aun en personas que se identifican como cristianas?

En los pasajes que siguen, resalta las prohibiciones con un color y las consecuencias con otro.

«Y la persona que atendiere a encantadores o adivinos, para prostituirse tras de ellos, yo pondré mi rostro contra la tal persona, **y la cortaré de entre su pueblo**» (Lev. 20:6, RVR1960).

Observamos una tendencia, los que no se separan para Dios, son separados de Dios. La opción es santificarse y vivir para Él o ser separados **por** Dios y **de** Dios. Una vez más, Él revela las consecuencias para los individuos, las familias y las sociedades o pueblos que lo rechazan. Los que escucharon las instrucciones de labios de Moisés y leyeron la ley, memorizaron la Palabra para recordar en sus corazones, tal como Dios les había instruido (Deut. 4:39-40), no tenían la excusa de la ignorancia. La ley dejaba claro el corazón y la intención de Dios. Él deseaba que Su pueblo fuera diferente. Esa diferencia siempre alcanzaría la manera de vivir, de relacionarse unos con otros, la ética sexual de los individuos y lo que era aceptado o reconocido como moral o quebranto de la ley de Dios. No había excusa ni existían espacios para la interpretación.

«Santificaos, pues, y sed santos, porque yo Jehová soy vuestro Dios. Y guardad mis estatutos, y ponedlos por obra. **Yo Jehová que os santifico**» (Lev. 20:7-8, RVR1960).

«Guardad, pues, todos mis estatutos y todas mis ordenanzas, y ponedlos por obra, no sea que os vomite la tierra en la cual yo os introduzco para que habitéis en ella. Y **no andéis en las prácticas de las naciones** que yo echaré de delante de vosotros;

porque ellos hicieron todas estas cosas, y los tuve en abominación»
(Lev. 20:22-23, RVR1960).

**«Habéis, pues, de serme santos, porque yo Jehová soy santo, y os he
apartado de los pueblos para que seáis míos»** (Lev. 20:26, RVR1960).

En esta porción de Levítico 20:1-27, observa y escribe más abajo
completando el siguiente cuadro (la primera línea es un ejemplo de
cómo realizar la actividad):

TEXTO	¿QUIÉN?	PECADO	CONSECUENCIA
20:1	Cualquier varón o extranjero en Israel.	Ofrece hijos a Moloc (Moloc era una deidad a la que se ofrecían sacrificios humanos, generalmente niños o adolescentes, los cuales eran quemados).	Morirá apedreado

Responde a estas preguntas de reflexión de manera personal. Toma tiempo para meditar y orar al respecto. Tal vez necesites ser acompañada por otras creyentes en algunas áreas que el Espíritu Santo te señala que debes cambiar:

¿Qué me enseña este nombre sobre quién soy a la luz de quién es Dios? _____

_____

_____

_____

_____

¿Qué me enseña este nombre de cómo debo vivir a la luz de quién es Dios y quién soy yo? _____

_____

_____

_____

_____

¿Qué nos enseña este nombre de cómo se supone que debemos relacionarnos con Dios? _____

_____

_____

_____

_____

¿Conozco a Dios en mi propia vida en relación con la verdad de la santidad de Dios? _____

_____

_____

_____

_____

¿Cómo puedo cambiar mi vida para que otros vean esta cualidad de Dios en acción?

Menciona cinco áreas en que Dios santifica hoy tu vida. Identifica el medio que Él utiliza para hacerlo.

	Área	Medio
1.	_____	_____
2.	_____	_____
3.	_____	_____
4.	_____	_____
5.	_____	_____

¡AGRADECE!

Toma tiempo para agradecer a Dios por eso.

_____

_____

_____

_____

_____

_____

Semana 10

El-Olam y shammah

Dios eterno, el Señor que es y está allí

El-Olam, el Dios eterno

La eternidad de Dios es distinta a la eternidad humana. No tuvo un principio, pero la existencia humana sí. Esta parece una verdad evidente. Sin embargo, es vital entenderla de manera correcta. Dios ha existido eternamente, con todos Sus atributos y características. Él *no* ha mejorado ni perfeccionado Su carácter con el tiempo, de modo progresivo, sino que ha sido perfecto desde siempre. El Creador no fue creado ni tuvo un principio, pues Él mismo es el principio. Génesis 1 empieza con Dios, no con el ser humano. *Elohim,* como fue explicado antes, es el término plural para Dios, muestra las tres personas de la Trinidad. Estas son de una misma esencia y constituyen un solo Dios. Eso no es una contradicción, es una paradoja donde ambas verdades son coexistentes y aceptables, no excluyentes. Una de las razones por que la Biblia no debe ser leída con el ser humano en el centro es porque «En el principio […] era Dios (Juan 1:1, RVR1960). Así inicia la Biblia. De igual forma: «En el principio creó Dios…» (Gén. 1:1).

Él ha existido siempre, enteramente satisfecho, gozoso, pleno, completo, santo, justo y amoroso, por la eternidad. Una enseñanza errada que se ha vuelto común, aunque contraria a ese principio bíblico, es que Dios creó al ser humano porque necesitaba a quién mostrar Su amor. No es así. Si eso fuera cierto, Él habría estado incompleto. Dios se amaba a sí mismo eternamente. Esto no es egoísmo. Lo sería si hubiera algo pecaminoso en Él. Que un Dios perfecto se ame más a sí mismo, enfatice el amor de Su propio nombre y represente a Su persona, no es egoísta. Él es el más hermoso y perfecto de todo lo que existe. Por tanto, como no hay nadie ni nada más grande que el Señor, nadie más merece ser amado de esa manera. Las tres personas de la Trinidad han estado en mutua relación perfecta, completa y armoniosa. Son UN SOLO DIOS, eternamente. Sin principio ni final.

Ese Dios eterno también promete «ser y estar». Él «es» autoexistente y autosuficiente, nada ni nadie lo sostiene. Este debe ser un motivo de gran gozo y seguridad para Su pueblo. Dios no depende de lo que hagamos o no en contra o a Su favor. Él «es». De la misma forma, promete sustento, guía, protección, cuidado y seguridad a Su pueblo. El 2020 fue un año que le recordó a todo el planeta su humanidad y le mostró cuán frágil y dependientes somos. Un pequeño virus cambió la vida. Sin embargo, Dios permaneció igual, inmutable e inamovible. Nada lo afecta ni lo cambia porque Él existe en sí mismo e independientemente de lo que hagamos.

El ser humano, por otro lado, sí fue creado. Tuvo un principio y su alma no tendrá final. Muchos grupos afirman, contrario a lo que la Biblia nos enseña, algo que es conocido como nihilismo; sostiene que el aspecto inmaterial del ser humano que no sea salvo, será destruido para siempre. Sin embargo, la Biblia habla de un castigo eterno para los que no siguen a Dios. Esto es necesario porque satisface la justicia de Dios.

«El Dios eterno» también podría ser traducido como Dios de todas las edades, las eras, los tiempos o las generaciones en dependencia del contexto. Esto nos deja con la palabra «permanencia» en mente. *Olam* aparece unas 400 veces en referencias bíblicas traducido como eterno y eternamente. Sin embargo, en relación directa con el nombre de Dios aparece solo cuatro veces en la Escritura. Examinemos el contexto literario, histórico y teológico de las referencias donde aparece.

Lee los siguientes pasajes donde se encuentra *El-Olam* (el Dios eterno). Describe la idea central de cada pasaje en el contexto del párrafo. Resume tu idea en una oración.

- Génesis 21:33 _____

_____

- Jeremías 10:10 _____

_____

- Isaías 26:4 _____

_____

- Salmos 72:17,19 _____

_____

Completa los espacios en blanco de los siguientes pasajes y resume en una oración, con tus palabras, lo que el Dios eterno afirma, si es una promesa o un mandato a cumplir. Utiliza la versión NBLA como referencia.

Isaías 40:28:
«¿Acaso _____? ¿Es que _____? El Dios eterno, el Señor, el creador de los confines de la tierra _____ ni _____. Su _____ es _____».

Jeremías 10:10:
«Pero el Señor es _____; Él es el _____ y el _____. Ante _____ tiembla la tierra, Y las naciones son impotentes ante _____».

Romanos 16:26:
«Pero que ahora ha sido _____, y por las _____ de los _____, conforme al _____ del _____, se ha dado a conocer a _____ para _____ a la _____ de la ____».

1 Timoteo 1:17:
«Por tanto, al Rey _____, _____, _____, _____ Dios, *a Él sea* honor y gloria por los siglos de los siglos. Amén».

Tito 1:2-3:
«Con la _____ de _____ _____, la cual Dios, que no miente, prometió desde _____, y a su debido tiempo, manifestó Su palabra por la predicación que me fue confiada, conforme al mandamiento de _____ nuestro _____».

¿De quién habla Tito 1:3?

_____

_____

_____

_____

De las observaciones anteriores, escribe qué te llama la atención.

_____

_____

_____

_____

DÍA 1

Lee Génesis capítulo 17.

Génesis 17:7 (NBLA):
«Estableceré Mi pacto contigo y *con* tu descendencia después de ti, por *todas* sus generaciones, por pacto eterno, de ser Dios tuyo y de *toda* tu descendencia después de ti».

Elabora una lista de las acciones y las promesas de Dios en este pasaje:

_____
_____
_____
_____

¿Cómo apunta esto a Cristo? _____
_____
_____
_____
_____

¿Quién establece el pacto? _____
_____

Lee el contexto. ¿Qué significa establecer? Puedes auxiliarte de uno o varios diccionarios.

_____
_____
_____
_____

¿Quién toma la iniciativa del pacto y quién el primer paso?

_____

¿Con quién se establece el pacto? _____

_____

Génesis 21:33:

«Abraham plantó un tamarisco en Beerseba, y allí _____ el nombre del Señor, _____.

Comenta tus primeras impresiones del contexto de este pasaje:

_____

_____

_____

_____

_____

¿Qué evento o situación atravesó Abraham?

_____

_____

_____

_____

_____

¿Por qué crees que es importante pensar en ese contexto específico? _____

_____

_____

_____

_____

_____

Elizabeth Elliot, una de las autoras más conocidas e influyentes en los últimos 50 años, misionera y conferencista, es más conocida por ser quien evangelizó a la tribu de los waorani, quienes asesinaron a su esposo cuando, junto a otros cinco misioneros, intentaba compartir con ellos el evangelio de Cristo. Esta mujer fue conocida, sirvió y amó al Señor hasta su muerte. Su vida estuvo marcada por el sufrimiento y las pérdidas. Tuvo su primera y única hija con Jim Elliot, quien la convirtió en viuda por primera vez. Luego se casó y enviudó una vez más hasta su último matrimonio, con quien estuvo el resto de sus días. Al final, esta mujer excepcional de mente bíblica y brillante comunicadora, murió con un padecimiento de demencia senil. Sin embargo, siempre iniciaba su programa de radio y muchas de sus conferencias con un versículo lema en su vida que se ha convertido en lo mismo para mí:

Deuteronomio 33:27 (NBLA):
«El eterno Dios es *tu* refugio, y debajo están los brazos eternos. Él echó al enemigo delante de ti, y dijo: "¡Destruye!"».

El-Olam es tu refugio. Este nombre significa que no tiene principio ni fin. Él es misterioso y tuvo que revelarse para que lo conociéramos. No hubiéramos podido descubrir al Dios eterno. En cada instancia bíblica es Dios quien se presenta al ser humano y muestra Su iniciativa al revelarse.

De todos los nombres que hemos estudiado, este nos asegura que Su nombre y, por tanto, el carácter que revela, nunca cambiarán. Entonces, Sus atributos no solo son eternos, sino que también están siempre disponibles para nosotras con el fin de hacer Su voluntad. Esto implica que Él no cambia. Él es el Dios de todos los tiempos, que ha existido y existirá. Por ello, el pacto que hizo con Su pueblo es eterno. El Dios eterno, que hasta ahora no ha mostrado cambio ni sombra de variación, ¿acaso cambiará? ¿No nos dará con Él todas las cosas? Escribe tu reflexión sobre esta verdad.

_____

_____

_____

_____

_____

Lee Santiago 1:17 y Romanos 8:32. Anota qué quería el autor que sus oyentes o lectores entendieran. Agrega cómo estos versículos apuntaban a la transformación de quienes lo escucharon. _____

_____

_____

_____

_____

Debido a que Dios es trino, cada persona de la Trinidad coexiste eternamente. Jesucristo es eterno (Juan 1:1), Él creó todo (Col. 1:16-17) y sostiene todo (Col. 1:16-17). Él no cambia (Heb. 13:8), es el Alfa y la Omega y un día regresará (Apoc. 1:8). Él hará nuevas todas las cosas (Apoc. 21:5). Es nuestro juez (Juan 5:26-27), es omnisciente. Es el único Soberano, Rey de reyes y Señor de señores; quien tiene inmortalidad y habita en luz inaccesible (1 Tim. 6:11-16). Jesucristo es el Señor viviente y nuestro Rey eterno.

Cuando entendemos el significado y las implicaciones de *El-Olam,* ¿cómo podemos vivir mejor hoy? _____

_____

_____

_____

_____

DÍA 2

Isaías 40:28:

«¿Acaso no _____? ¿Es que no _____?
El _____, el Señor, _____ de los con-
fines de la tierra no se fatiga ni se cansa. Su entendimiento es
_____».

Busca las palabras que no entiendas en un diccionario. Revisa en un
diccionario bíblico el contexto histórico del tiempo de Isaías. En él
puedes buscar «libro de Isaías» e ir a la sección de «contexto». Escribe
tus observaciones más abajo.
Comenta tus observaciones:

_____

_____

_____

_____

_____

_____

_____

En el contexto de Isaías Dios da esperanza a Su pueblo. Lo hace
después de haberle dado el mensaje de juicio que le correspondía por
quebrantar el pacto, abandonar a Dios y rebelarse contra Él, cometer
pecado de idolatría con otros dioses y oprimir a los pobres. Sin duda
alguna, el Dios eterno había sido testigo de la desobediencia de la
raza humana generación tras generación. En esto se incluían aquellos que llamaba «Su pueblo» sobre el cual Su nombre era invocado.
Ellos no lo trataron como santo, no una de sus generaciones, sino
cientos de generaciones humanas que, hasta hoy, le niegan la honra
y no viven de acuerdo con Sus ordenanzas. Aun así, ese mismo Dios
recordaba que Él les había hecho una promesa de restauración a
aquellos que pusieran su fe en el Mesías. La restauración eterna que
vendría se encuentra en el libro de Isaías, en los capítulos 9, 53 y

60–66. Te recomendamos leer estos pasajes complementarios para una mejor referencia.

Vuelve a leer Isaías 40:28. ¿Qué se resalta de este nombre en los eventos que tenían lugar durante la profecía de Isaías, cuando el Señor lo utilizó? _____

_____

_____

_____

_____

_____

¿Qué revelan sobre Dios los eventos que tenían lugar durante la profecía de Isaías?

_____

_____

_____

_____

_____

¿Cómo puedo entender correctamente este nombre a la luz de su contexto literario, es decir, de los pasajes contiguos?

_____

_____

_____

_____

¿Cómo los eventos y el lugar donde se reveló este nombre nos ayudan a entender mejor su significado? Explica ¿por qué? _____

_____

_____

_____

_____

¿Qué quiere Dios que yo entienda o piense sobre Él en relación con este nombre?

_____

_____

_____

_____

_____

Salmos 45:6 (NBLA) declara esta verdad: «Tu trono, oh Dios, es eterno y para siempre; Cetro de equidad es el cetro de Tu reino». ¿Qué relación tienen los atributos descritos como parte del nombre de Dios en este pasaje? ¿Qué significado debió tener para David y para el pueblo de Dios bajo su liderazgo? _____

_____

_____

_____

_____

¿Qué relevancia debe tener esta verdad en tu vida? _____

_____

_____

_____

_____

Haz una lista de los descriptivos de Dios que vemos en 2 Samuel 23:3-5 (NBLA) y la forma en que Él se describe a sí mismo en Isaías 23:3-5. Al lado describe el significado en este contexto.

«Dijo el Dios de Israel...».
«... Me habló la Roca de Israel...».
«... El que con justicia gobierna sobre los hombres...».

«… Que en el temor de Dios gobierna. Es como la luz de la mañana *cuando* se levanta el sol, en una mañana sin nubes, *cuando brota* de la tierra la tierna hierba, por el resplandor *del sol* tras la lluvia».

«En verdad, ¿no es así mi casa para con Dios? Pues Él ha hecho conmigo un pacto eterno, Ordenado en todo y seguro. Porque toda mi salvación y todo *mi* deseo, ¿No *los* hará ciertamente germinar?».

DESCRIPTIVO	SIGNIFICADO PARA LA AUDIENCIA ORIGINAL
Ej.: La Roca de Israel	Dios recordaba a Su pueblo a pesar de su pecado. Así mismo, evidencia cómo el Señor, aun cuando el pueblo iba en pos de los ídolos y le era infiel, permanecía fiel, les prometía seguridad si ellos se arrepentían y se volvían a Él. El Omnipotente es inmutable, permanece igual por la eternidad.

¿Cómo este nombre aumenta mi confianza en Él? _____

_____

_____

_____

_____

¿Qué aprendemos sobre las reacciones de las personas en los acontecimientos leídos? (Es decir, ¿qué aprendemos de su carácter, naturaleza, actitud, confianza, comportamiento, etc.?). _____

_____

_____

_____

_____

¿Hay similitudes en mis acciones?

_____

_____

_____

_____

Eclesiastés 3:10-12 (RVR1960):
«Yo he visto _____ que Dios ha dado _____ para que se _____ en él. _____ hermoso en su tiempo; y ha puesto _____ en el corazón de ellos, sin que alcance el hombre a entender la obra que ha hecho Dios desde _____ hasta el _____».

Con base en el pasaje anterior, ¿qué me enseña Dios, revelado como el Dios eterno, sobre quién soy a la luz de quién es Él? _____

_____

_____

_____

_____

Con base en nuestra unión con Cristo, a través de la cual disfrutamos de todos los beneficios espirituales que Él prometió, Jesús aseguró que quienes lo siguieran tendrían vida eterna y experimentarían vida abundante. ¿Ves la conexión? Al ser unas con Cristo, recibimos la vida plena y la eternidad en paz con el Dios eterno. En

Salmos 21:3-4 el rey David reconoce que de Dios procede la vida eterna. Este no es un concepto solo del Nuevo Testamento, sino también de toda la Escritura, aunque es en el Nuevo Testamento donde aparece mayormente la frase «vida eterna» enseñada por Cristo. El otro pasaje en el Antiguo Testamento que introduce el concepto de vida eterna es Daniel 12:1-2. Reflexiona y observa qué significaba para Daniel y su audiencia lo descrito en este pasaje:

«En aquel tiempo se levantará Miguel, el gran príncipe que _____ sobre los _____. Será un tiempo de angustia cual nunca hubo desde que existen las naciones hasta entonces. Y en ese tiempo _____ será librado, todos los que se encuentren inscritos en el libro. Y muchos de los que duermen en el polvo de la tierra despertarán, unos para _____, y otros para la _____, para el _____» (Dan. 12:1-2, NBLA).

Escribe tu reflexión al respecto:

_____

_____

_____

_____

_____

_____

Estudia los siguientes pasajes que hablan de la vida eterna, que está en Cristo, el SEÑOR eterno. Escribe la característica de la vida eterna descrita en estos:

- Mateo 19:16-29, Marcos 10:17 _____

_____

- Mateo 25:46 _____

_____

- Marcos 10:30 _____

_____

- Lucas 18:30 _____
  _____
- Juan 3:15-16,36 _____
  _____
- Juan 5:24,39 _____
  _____
- Juan 6:27,40,54 _____
  _____
- Juan 12:25,50 _____
  _____

¿Qué me enseña este nombre sobre cómo debo vivir a la luz de quién es Dios y quién soy yo?

_____
_____
_____
_____
_____

¿Qué nos enseña este nombre de cómo se supone que debemos relacionarnos con el Dios eterno? _____

_____
_____
_____
_____

Busca el significado de CORAM DEO.

_____
_____
_____
_____

Escribe alguna cita de un teólogo o predicador que apunte a cómo es necesario que el creyente viva *CORAM DEO*.

_____

_____

_____

_____

_____

¿Conozco a Dios en mi propia vida en relación con la verdad que este nombre manifiesta?

_____

_____

_____

_____

_____

¿Cómo vivir de manera que otros vean esta cualidad de Dios?_____

_____

_____

_____

_____

RESUMEN

Haz un resumen (puede ser un dibujo, diagrama o un bosquejo gráfico) de los aspectos del carácter de Dios, la obra de Cristo y la relación con los creyentes que acompañan al nombre de «El Señor, Dios eterno». Utiliza los términos encontrados en este capítulo.

DÍA 3
Jehová Shammah, el Señor está allí

Ezequiel 48:35:
«*La ciudad tendrá* dieciocho mil *codos* en derredor; y el nombre de la ciudad desde *ese* día *será:* el SEÑOR está allí».

El único sitio donde se encuentra este nombre es en Ezequiel 48:35, donde se habla sobre el templo futuro. Para entender bien el versículo es importante situarnos en el contexto histórico. El libro de Ezequiel está lleno de visiones, señales y símbolos o mensajes actuados. Muchos, al estudiar este libro, nos hemos sentido intimidados y a veces confundidos con el mensaje, aunque es más la forma en que es dado el mensaje. Este inicia con la primera visión, a unos cinco años de la segunda deportación el pueblo no tenía información y dudaba. Creían que, al estar lejos del templo de Jerusalén, no tenían un templo de Dios que les recordara lo que por mucho tiempo tomaron con sentido de derecho: la presencia del Señor revelada en el templo.

La gloria de Dios es el tema enfatizado en el libro de Ezequiel. Temprano, en el libro, Dios deja claro que Su presencia con Su pueblo no está limitada a un templo en Jerusalén. La religiosidad llevó a los judíos a adorar y tener más confianza en un templo físico que en el DIOS del templo. El DIOS que estaba allí. Sin Su gloria, sin Su presencia, el templo era solo un edificio. Lo mismo sucede con el ser humano. Dios no es deslumbrado por éxitos humanos ni ministeriales. Él identifica a los suyos al poner en ellos Su Espíritu Santo, Su presencia eterna en corazones humanos.

En Ezequiel 10–11 encontramos la visión de las ruedas llenas de ojos alrededor. Vemos que la gloria de Dios salió del templo por la puerta oriental. En el capítulo 43 leemos cómo la gloria del Dios de Israel volvió por la misma puerta. Para comprender el significado de eso, recordemos que Jesús se refirió a sí mismo como el templo en Juan 2:19-21: «Destruid este templo, y en tres días lo levantaré» (v. 19). Él hablaba del templo de Su cuerpo. En Mateo 21, justo antes de Su crucifixión, Jesús entró en Jerusalén sentado en un pollino y el pueblo lo declaró el Mesías. Él entró ¡por la misma puerta oriental! Este templo en Ezequiel es una representación del sacrificio que Cristo haría por Su pueblo. Esta profecía del templo espera su cumplimiento, la adoración del pueblo después del regreso de Cristo en los últimos tiempos, cuando Él gobernará todas las naciones.

Toma unos minutos para orar y adorar a Dios. Dale gracias por Su presencia en ti y porque pasarás la eternidad con Él. Es el Dios que está allí. Escribe una reflexión corta de cómo esto llena tu corazón de agradecimiento.

_____

_____

_____

_____

_____

_____

En un encuentro con los atenienses, el apóstol Pablo presentó este discurso en Hechos 17:24-27. Llena los espacios en blanco (NBLA) y piensa en cada frase:

«El Dios que _____ y todo lo que en él *hay,* puesto que _____ del cielo y de la tierra, no mora _____ hechos por manos *de hombres,* ni es servido por manos humanas, _____, puesto que Él da _____ y _____. De _____, Dios hizo todas las naciones del mundo _____ habitaran sobre toda la superficie de la tierra, habiendo determinado *sus* tiempos y las fronteras de los lugares donde viven, para que _____, y de alguna manera, palpando, le hallen, aunque Él _____ _____ de ninguno de nosotros».

En Ezequiel 35:10 (NBLA) encontramos una escena similar donde Dios reclama: «Por cuanto has dicho: "Las dos naciones y las dos tierras serán mías, y las poseeremos", aunque el Señor estaba allí». Aquí el Señor enfatiza que Él vio la arrogancia del pueblo al afirmar y presentar seguridad como si dependiera de ellos. Al dar la espalda a Dios, declararon independencia de Él y rechazaron y negaron que Él era Dios sobre ellos. Allí donde los había plantado y en Su soberanía Él podía y traería juicio sobre un pueblo que decidió seguir sus propios caminos en lugar de la senda trazada por el Señor. El Dios que estaba allí era testigo. Nada se escapaba de Su conocimiento, gobierno y señorío. Las consecuencias para un pueblo rebelde no se harían esperar.

> Parte de esto y responde: ¿en qué otras instancias en la iglesia y en tu vida ves que se muestra rebeldía?

_____

_____

_____

_____

_____

Zacarías 3:5 (NBLA):
«Después dijo: "Que le pongan un turbante limpio _____". Y le pusieron un turbante limpio en la cabeza y le vistieron con ropas *de gala*; y el ángel del Señor _____».

Ezequiel era profeta a los judíos en el cautiverio en Babilonia. En específico al grupo cuyo refugio estaba junto al canal de Quebar. Como en la mayoría de las profecías del Antiguo Testamento, esta inicia con la queja de Dios contra Su pueblo. En este caso, contra los pastores o líderes que habían desviado al pueblo. A lo largo del libro Jesús se revela como el «Dios / hombre», el «Buen Pastor» y el «Templo» glorioso en el final. Dios prepara el escenario e inicia con una visión, que es una manifestación figurativa de Cristo, cuando el Señor encarga a Ezequiel como profeta. Hay múltiples similitudes con la visión de Jesús dada a Juan en el libro de Apocalipsis 21–22. Se observa una figura en cuyo centro había imágenes semejantes a cuatro seres vivientes. Cada uno tenía cuatro caras distintas, una humana, otra de león, una tercera de toro y finalmente la de un águila. En resumen, vemos la representación de la figura humana como Jesús, el Dios que se hizo carne (Juan 1:14), el León de la tribu de Judá (Apoc. 5:5).

En el capítulo 34 el Señor acusa a los líderes de no cuidar de Su rebaño y hasta abusar de ellos. Esto provocó que el pueblo anduviera en el error y sin protección. Por eso, en los versículos 10 y 11 Dios les recuerda que quitará las ovejas de sus manos y Él mismo regresará para cuidarlas. Ante un liderazgo espiritual lejano, utilitarista y abusivo, la figura del Dios que está aquí, cercano, aun en Su trascendencia, debió ser una luz de esperanza al pueblo, para que reconocieran que el camino a Dios era una senda de confianza en Él.

En la tercera sección del libro es donde encontramos la visión del nuevo templo. El templo construido por Zorobabel y luego ampliado por Herodes no tenía las mismas dimensiones que el descrito aquí. Tampoco es el templo de la nueva Jerusalén, porque se habla de la sangre de los sacrificios puesta sobre el altar y de que no hay necesidad de sacrificios en el nuevo templo. De hecho, si te fijas en la descripción del templo de Ezequiel, no tiene techo, es infinito en altura.

Todo esto nos recuerda a Apocalipsis 21 con la visión de la nueva Jerusalén. En el versículo 3 leemos: «Entonces oí una gran voz que decía desde el trono: He aquí, el tabernáculo de Dios está entre los hombres, y Él habitará entre ellos y ellos serán su pueblo, y Dios mismo estará entre ellos» (Apoc. 21:3). Dios está con Su pueblo. Siempre ha estado allí. El Dios eterno es el Dios que está allí.

¿Qué revelan de «el Dios que está allí» los eventos que ocurrían durante la historia de Ezequiel? _____

_____

_____

_____

_____

¿Cómo puedo entender correctamente este nombre a la luz de su contexto literario, es decir de los pasajes contiguos?

_____

_____

_____

_____

_____

¿Cómo los eventos y el lugar donde Dios se reveló como «el que está allí» nos ayudan a entender mejor el significado del nombre? Explica ¿por qué? _____

_____

_____

_____

_____

¿Qué quiere Dios que yo entienda o piense de Él como «el Dios que es y está allí»?

_____

_____

_____

_____

DÍA 4
El Señor está aquí,
la presencia del Señor

Dios OMNIPRESENTE se refiere no solo a la presencia pasiva de Dios en lugares, sino también a que Él es testigo de todo lo que ocurre sobre la tierra, de cada pensamiento e intención del corazón. Su presencia es activa. Dios está presente y no lejano ni ausente. Él no deja a Su pueblo ni a Su creación, no los abandona por su pecado a merced de su propia falsedad. La presencia del Señor revela al Dios «que está allí». Su presencia es con los suyos y con Su creación. No somos deístas, no creemos que Dios nos ha abandonado para que resolvamos los problemas de la tierra ni que Él ya no participa en nuestra historia. El tema de la presencia del Señor es mencionado unas 60 veces en toda la Escritura. Recordemos que la Biblia inicia con Dios, ahí Su presencia habita con el ser humano, y termina cuando el ser humano llega a habitar con Dios por siempre.

Lee Génesis 3:8 (NBLA) y completa:
«Y oyeron al _____ que se paseaba en el huerto al fresco del día. Entonces el hombre y su mujer se escondieron de la _____ Dios entre los árboles del huerto».

> Dios diseñó al ser humano para que viviera en Su presencia con un sentido permanente de que Dios no solo existe, sino que también «está» presente como testigo de nuestras vidas. Él espera que vivamos en coherencia, reverencia y respeto a esa verdad de Su presencia aquí.

_____

_____

_____

_____

Según la Biblia, ¿qué cosas ocurren ante la presencia del
Señor? _____

_____

_____

_____

¿Qué representaba el pan de la presencia en el Antiguo
Testamento?

_____

_____

_____

_____

Salmos 16:11 (NBLA):
«Me darás a conocer la senda de la vida; en Tu presencia hay plenitud
de gozo; En Tu diestra hay deleites para siempre».

_____

_____

_____

_____

Salmos 33:8 (NBLA):
«Tema al Señor toda la tierra; tiemblen en Su presencia todos los
habitantes del mundo».

_____

_____

_____

_____

Salmos 97:5 (NBLA):
«Como cera se derritieron los montes ante la presencia del Señor,
ante la presencia del Señor de toda la tierra».

_____

_____

_____

_____

Salmos 114:7 (NBLA):

«Tiembla, oh tierra, ante la presencia del Señor, ante la presencia del Dios de Jacob».

_____

_____

_____

_____

Salmos 138:1 (NBLA):

«Con todo mi corazón te daré gracias; En presencia de los dioses te cantaré alabanzas». _____

_____

_____

_____

_____

Explica ¿por qué? _____

_____

_____

_____

_____

REFLEXIONA:

El ser humano en general, y especialmente el creyente, no puede vivir como si Dios no estuviera aquí. No hay pensamiento, sentimiento, afecto, acción, actitud ni comportamiento que se oculte de Dios. Nuestras vidas deben ser vividas *Coram Deo*. Dios no está satisfecho con menos que esto. De toda impureza y transgresión, Dios es nuestro mayor testigo. Nuestras ofensas, visibles y ocultas, son, por cierto, ofensas contra el Dios que está presente, que está aquí. Él demanda ser reverenciado en todo y por todos.

DÍA 5

El filósofo, apologista y evangelista cristiano Francis Schaeffer, en su libro *The God Who Is There* [El Dios que está ahí], afirmó lo siguiente:

> «Independientemente del sistema de cualquier hombre, este tiene que vivir en el mundo de Dios. En un mundo caído, debemos estar dispuestos a encarar el hecho de que sin importar el amor con el cual prediquemos el evangelio, si un hombre lo rechaza, este será miserable. Es oscuro afuera».

¿Qué crees que quiso decir con eso?

_____

_____

_____

_____

_____

¿Qué quiere Dios que yo entienda o piense sobre Él en relación con «el SEÑOR que está aquí»?

_____

_____

_____

_____

_____

¿Cómo este nombre aumenta mi confianza en «el SEÑOR que está aquí»?

_____

_____

_____

_____

¿Qué aprendemos sobre las reacciones de las personas en los acontecimientos leídos al saber que Dios se revelaba como «el SEÑOR que está aquí»? Es decir, ¿qué aprendemos de su carácter, naturaleza, actitud, confianza, comportamiento, etc.?

_____

_____

_____

_____

_____

¿Hay similitudes entre mis acciones y las de ellos en aquel entonces? Describe cómo, de manera específica. Recuerda ver el contexto histórico en que Dios se revelaba.

_____

_____

_____

_____

_____

D. A. Carson, en su libro *El Dios que está presente,* nos muestra al Dios que enmarca todo en sí mismo y contiene la historia humana. El ser humano fue creado para Dios y no al revés. La única razón por la cual existimos y estamos sostenidos es por Su mano y porque Él ni ha abandonado ni está desconectado de Su creación. El autor señala:

> «Mi existencia es dependiente, finalmente, de Él; su existencia es auto-existencia. Dios no tiene causa; Él solo es. Siempre ha sido. En contraste, todo lo demás en el universo empezó en algún lado, ya sea en el Big Bang o en la concepción humana, en algún lugar tuvo su inicio. Dios lo hizo todo. Esto significa que todo en el universo, aparte de Dios, en última instancia es dependiente de Dios».

Entonces, observamos que hay una relación entre la eternidad de Dios y Su autoexistencia, notamos la coherencia en que Dios no tuvo inicio ni causa, Él ha sido y será eternamente. ¡Guau, este es el Dios que adoramos!

Detente y toma unos minutos para adorar a Dios por Su grandeza inescrutable. Un buen himno para recordar esa verdad es «Cuán grande es Él».

¿Qué me enseña «el SEÑOR que está aquí» sobre quién soy a la luz de quién es Dios?

_____

_____

_____

_____

_____

_____

¿Qué me enseña «el SEÑOR que está aquí» sobre cómo debo vivir a la luz de quién es Dios y quién soy yo?

_____

_____

_____

_____

_____

¿Qué nos enseña «el SEÑOR que está aquí» de cómo se supone que debemos relacionarnos con Dios? ¿Conozco a Dios de esta manera y camino conforme a esta verdad?

_____

_____

_____

_____

_____

¿Conozco a Dios en mi propia vida en relación con la verdad que «el SEÑOR que está aquí» manifiesta?

_____

_____

_____

_____

_____

RESUMEN

Haz un resumen (puede ser un dibujo, un diagrama o un bosquejo gráfico) de los aspectos del carácter de Dios, la obra de Cristo y la relación con los creyentes que acompañan al nombre de «el SEÑOR que está aquí». Utiliza los términos encontrados en este capítulo.

Semana 11

Jehová qanna y sabbaoth

El Señor es celoso
y el Señor de los ejércitos

QANNA. Referencia Strong: H7067. Referencia TWOT *Theological Wordbook of the Old Testament* [Libro de palabras teológicas del Antiguo Testamento].

Este nombre es usado seis veces en cinco versículos bíblicos diferentes. Siempre aparece en relación con adorar dioses falsos. El significado fundamental tiene que ver con la relación matrimonial, con Dios como nuestro esposo. En este sentido, adorar otra cosa o persona aparte del Dios verdadero es adulterio. Recuerda que el celo de Dios, a diferencia del nuestro, no es pecaminoso ni egoísta, sino que se basa en el amor inagotable que tiene por Su grey. El Altísimo sabe que cuando Él es el objeto de nuestra adoración, nuestra vida se enriquece y ganamos todo. Sin embargo, cuando adoramos otros dioses falsos, Él no pierde, pero nosotras sí (Deut. 31:8). El Señor merece y requiere todo nuestro amor y devoción. Isaías 54:5 señala: «Porque tu esposo es tu Hacedor, el SEÑOR de los ejércitos es su nombre; y tu Redentor es el Santo de Israel, que se llama Dios de toda la tierra».

En el Nuevo Testamento reconocemos a Cristo en la creación (Juan 1:3; Col. 1:16). También es nuestro redentor (Ef. 1:13-14; 1 Ped. 1:18). Apocalipsis 19:7-9 nos asegura que Él regresará para reclamar a Su novia, la Iglesia. Cristo no es un Dios distante, sino personal y cercano. Solamente una relación profunda engendrará esa hondura de amor. Primero, un amor por Su nombre como dueño legítimo, soberano y Señor de todo cuanto existe. Así mismo, por amor a Su nombre no destruye a una creación rebelde, sino que la redime para sí (Isa. 48:9).

Lee:

- Éxodo 20:5
- Éxodo 34:14
- Deuteronomio 4:24
- Deuteronomio 5:9
- Deuteronomio 6:15

Completa los espacios en blanco:

Éxodo 20:5 (NBLA):
«No los _____ ni los _____. Porque Yo, el Señor tu Dios, soy Dios celoso, que castigo la iniquidad de los padres sobre los hijos hasta la tercera y cuarta *generación* de los que me aborrecen».

Éxodo 34:14 (NBLA):
«No adorarás a _____, ya que el Señor, cuyo nombre es Celoso, es Dios celoso».

Escribe, ¿qué piensas que deseaba enseñarnos el autor con cada una de las palabras o frases anteriores que completan los espacios en blanco? Escribe el significado de cada una:

_____
_____
_____
_____
_____
_____

¿Cuáles dioses era común adorar en Egipto antiguo y qué representaban o qué beneficios buscaban sus adoradores? Por ejemplo, Tueris o Tauret era la diosa de la fertilidad y protectora de las embarazadas.

_____
_____
_____
_____
_____
_____
_____

Nota que cada dios generalmente representa <u>cosas positivas</u> llevadas a un punto donde estamos dispuestas a hacer lo que sea para tenerlas o preservarlas. Ese extremo no siempre es evidente al idólatra. Los ídolos son, con frecuencia, cosas buenas, no malas en sí mismas, que ponemos por encima de Dios, de Su ley moral y de cómo debemos regirnos. El corazón del ser humano es engañoso y somos expertas en hacer y adquirir ídolos. Como señaló Juan Calvino en su texto *Institutes of Christian Religion* [Institución de la Religión Cristiana]: «El corazón humano es una fábrica de ídolos». Siempre adoramos algo. Si no es puramente a Dios, encontraremos un sustituto, piadoso en apariencia y a simple vista bueno. Sin embargo, al detenernos y examinar nuestra devoción o dedicación, como muchas veces le llamamos, nos daremos cuenta de que es simple idolatría. Estos ídolos pueden ser cosas o personas, como la maternidad, la familia, el trabajo, la comida, el descanso, el ministerio, entre otros.

Estamos sin duda en tiempos agitados y confusos. Por ejemplo, nuestra generación se ha vuelto idólatra de la libertad, la que ha sido desvirtuada. Al libertinaje y la anarquía los llamamos libertad. Esa falsa libertad nos lleva al punto de retribuir a otros con agresión. Se roban las propiedades de los demás bajo el nombre de «protesta». Esto nos puede llevar, como he visto en personas que se identifican como creyentes o hijos de Dios, a defender un supuesto derecho a mi libertad como mujer quebrantando la libertad del no nacido y su derecho intrínseco a la vida. Los ídolos nos drenan el razonamiento, porque el «yo» no nos permite pensar bien, centrados en el único Dios celoso y santo. La idolatría no nos deja someternos al pensamiento superior, santo y verdaderamente justo del único Dios soberano.

¿Qué significa adorar? Busca la palabra en varios diccionarios y escribe una definición compilada.

_____

_____

_____

_____

Escribe cinco formas de idolatría o «dioses» que puedes identificar <u>en el mundo</u> hoy en día.

1.

2.

3.

4.

5.

Escribe cinco formas de idolatría o «dioses» que puedes identificar en <u>los cristianos o la Iglesia</u> hoy en día. Un ejemplo de esto puede ser el ministerio. Algunas personas pueden ver y amar el llamado como un ídolo. Tratan de encubrir sus faltas y no mostrar debilidad (aunque esto destruye su ser interior al no confesar sus pecados). Eso sucede porque, de alguna manera, el ministerio les provee estatus, seguridad económica, fama y sentido de propósito. Estas cosas deben ser encontradas en Cristo, no en el ministerio. He escuchado varios testimonios de personas que se han divorciado de sus parejas porque «son un obstáculo para mi ministerio». Con esa expresión evidencian un ídolo en sus vidas. Es importante que nos examinemos de manera constante.

1.

2.

3.

4.

5.

Lee Números 5:11-28.

Ahora lee y completa Números 5:29-31 (NBLA):
«… o cuando un _____ venga sobre alguien y esté celoso de _____, entonces hará que la mujer se presente _____, y el sacerdote le aplicará a ella toda esta ley».

Busca en un comentario bíblico a qué se refiere con un «espíritu de celos». Puedes utilizar una herramienta en línea o física. Por ejemplo, los comentarios de William McDonald o Matthew Henry en español. Escribe tus hallazgos aquí.

_____

_____

_____

_____

_____

_____

_____

Te parecerá interesante esta porción. El problema de los celos, con causa o sin razón, es diferente. Dios conoce que el ser humano puede cometer injusticia basado en los celos. Aun así, con un ser humano imperfecto de por medio, Dios invita a Su pueblo a reconocer la diferencia entre los celos sin fundamento y los provocados por una acción real.

En lo particular, no soy una persona celosa. No celo a mis amigas ni tampoco a mi esposo. Sin embargo, si alguien me provocara a celos por coquetear con mi esposo, no sé qué aspectos de falta de santificación serían revelados en mí. Los celos son un sentimiento poderoso. No obstante, nunca son excusa para pecar contra otros, aun cuando parezcan tener fundamento. Por eso Dios, al conocer el corazón humano, dejó esas leyes para que Su pueblo resolviera problemas de una forma que refleje Su carácter y Su voluntad.

Hoy en día existen otras leyes humanas a que debemos someternos y guardar el orden como Dios lo ha establecido (Mar. 12:17; Rom. 3:1-7; Tito 3:1). Nadie debe tomar la justicia ni juzgar por su propia mano, porque los celos ciegan y no permiten ver claramente ni evaluar con justicia. Tampoco debemos dejarnos llevar por las apariencias, sino basar nuestro juicio en la verdad, lo que es recto y lo que es justo delante de Dios.

¿Has experimentado celos? Escribe más abajo cómo manejaste la situación. Si no la manejaste bíblicamente, pídele perdón a Dios y, si puedes, a la otra persona. Si la manejaste de acuerdo con las normas bíblicas, agradécele a Dios por la vida de esa persona.

_____

_____

_____

_____

_____

_____

DÍA 1

Dios mira. Él no está ajeno a las relaciones incorrectas en la vida de Su pueblo ni cuando Su pueblo peca o se aferra al mundo.

Otras referencias:
Josué 24:19 (NBLA):
«Entonces Josué dijo al pueblo: "Ustedes no podrán servir al Señor, porque Él es Dios santo. Él es Dios celoso; Él no perdonará la transgresión de ustedes ni sus pecados».

Nahúm 1:2 (NBLA):
«Dios celoso y vengador es el Señor;
Vengador es el Señor e irascible.
El Señor se venga de Sus adversarios,
Y guarda rencor a Sus enemigos».

Zacarías 1:14 (NBLA):
«Y el ángel que hablaba conmigo me dijo: Proclama, diciendo: "Así dice el Señor de los ejércitos: Estoy celoso en gran manera por Jerusalén y por Sión"».

Tito 2:14 (NBLA):
«Él se dio por nosotros, para redimirnos de toda iniquidad y purificar para Sí un pueblo para posesión Suya, celoso de buenas obras».

El creyente está llamado a presentar un celo por Dios, Su obra y Sus propósitos, que imita el celo santo de Dios. El corazón humano es realmente engañoso y podríamos creer que un tipo de celo o defensa del evangelio es santo, cuando en realidad es legalista y pecaminoso, como los fariseos de los tiempos de Jesús (Mat. 7:3-5). Todos los seres humanos tenemos puntos ciegos, lo que caracteriza a estos es que no sabemos que tenemos una debilidad.

Toma unos minutos para orar. Piensa y pídele al Espíritu Santo que escudriñe tu corazón. Menciona dos o tres áreas en tu vida que a la luz de la Palabra reflejan algún tipo de legalismo o un celo no bíblico. Pídele al Señor que te dé arrepentimiento y cambie tu corazón. Agradécele por Su perdón. Escribe tus notas al respecto.

Apocalipsis 3:19 (NBLA):

«Yo reprendo y disciplino a todos los que amo. Sé, pues, celoso y arrepiéntete».

_____

_____

_____

_____

_____

_____

_____

Como describimos en principio, *qanna* es un adjetivo utilizado para describir a las personas en general. Sin embargo, en el caso de Dios, cuando los adjetivos acompañan a Su nombre propio utilizados como un nombre compuesto, describen algo que lo define. Nos informan quién es Él, cómo es Él y cómo quiere ser conocido. Recuerda que el Señor no desea ser conocido solo por lo que hace. Si basamos nuestra relación en eso, no infunde confianza ni perseverancia. Dios quiere ser conocido por quién es.

Ahora bien, para nosotras los celos son una emoción negativa. Generalmente los describimos como algo pasajero que se experimenta. Sin embargo, en este caso Dios ha escogido revelar que ese es un aspecto de Su carácter. Entonces, ¿cómo podemos explicarlo? _____

_____

_____

_____

_____

_____

Busca en el diccionario en español el significado de celoso
o celos.

_____

_____

_____

_____

¿Recuerdas la última vez que te sentiste celosa? ¿Cuál fue la
razón y cómo te hizo sentir eso? ¿Crees que era una razón
válida para sentir celos? _____

_____

_____

_____

¿Cuáles serían algunas de las diferencias que, desde tu perspectiva, existen entre los celos humanos y el celo de Dios?
Celos humanos

_____

_____

_____

Celo de Dios (Aquí, piensa bíblicamente en el celo que
Dios experimenta. Este no se refiere al celo que nosotras
decimos sentir en Su nombre. En ocasiones podríamos
creer que sentimos celo por Dios o por Su reino, y esto
podría ser solo un disfraz para el legalismo, el moralismo,
la justicia propia, el egoísmo y el orgullo).

_____

_____

_____

_____

Éxodo 20:5 (NBLA):

«No los adorarás ni los servirás. Porque Yo, el Señor tu Dios, soy Dios celoso, que castigo la iniquidad de los padres sobre los hijos hasta la tercera y cuarta *generación* de los que me aborrecen».

Éxodo 34:14 (NBLA):

«No adorarás a _____, ya que _____, cuyo nombre es Celoso, es _____».

Deuteronomio 4:24 (NBLA):

«Porque el Señor tu Dios es _____, un Dios celoso».

Este pasaje explica el amor y los celos de Dios como «un fuego consumidor». El autor de Cantares lo confirma: «Porque fuerte como la muerte es el amor, inexorables como el Seol, los celos; sus destellos, destellos de fuego, la llama *misma* del Señor» (Cant. 8:6). En la mente hebrea estaba claro que Dios tenía un celo incomparable y por encima de todo celo humano. Era, a la vez, un celo santo. Sin embargo, el lenguaje que utiliza muestra la fuerza y el peso del sentido de indignación que Dios expresa ante la infidelidad a quién es Él.

> 2 Timoteo 2:11. ¿Qué significa este pasaje a la luz de que Dios es celoso y en relación con «Si somos infieles, Él permanece fiel» (2 Tim. 2:13)? _____
>
> _____
>
> _____
>
> _____
>
> _____

¿Significa esto que no habrá consecuencias para nuestra infidelidad a Dios? ¿Cómo Dios permanece fiel a pesar de la infidelidad de Su pueblo? Escribe referencias de otros

libros de la Biblia y piensa en lo que toda la Escritura
revela. Escribe tus conclusiones.

_____

_____

_____

_____

_____

_____

«Palabra fiel *es esta:* Que _____ morimos con Él, también viviremos
con Él; _____ perseveramos, también reinaremos con Él; _____
lo negamos, Él también nos negará; _____ somos infieles, Él permanece fiel, pues no puede _____»
(2 Tim. 2:11-13, NBLA).

Deuteronomio 5:9 (NBLA):
«No los _____ ni los _____; porque
Yo, el Señor tu Dios, soy Dios celoso, que _____ la
iniquidad de los padres sobre los hijos, y sobre la tercera y la cuarta
generación de los que _____».

Nota que Dios compara a quien comete esas transgresiones con alguien
que lo «aborrece». Dios toma con gran seriedad toda provocación a
Su celo. Todo pecado, aunque nos parezca insignificante, no lo es.
Cada transgresión en nuestra vida, consciente o inconsciente, es una
provocación al celo de Dios.

Deuteronomio 6:15 (NBLA):
«Porque el Señor tu Dios, que _____, es
Dios celoso, no sea que se encienda la ira del Señor tu Dios
_____, y Él te borre de la superficie de la tierra».

La omnisciencia y la omnipresencia de Dios lo hacen testigo de todo
pecado que ha sido y será cometido sobre esta tierra. ¿Cómo esto hará

sentir y accionar a un Dios santo que ve, conoce y está presente ante todo pecado históricamente cometido sobre la tierra?

Escribe lo que esto significa a la luz de la cruz del Señor:

_____

_____

_____

_____

_____

_____

_____

Josué 24:19 (NBLA):

«Entonces Josué dijo al pueblo: Ustedes _____ servir al Señor, porque Él es _____. Él es Dios celoso; Él no perdonará la transgresión de ustedes ni sus pecados».

> Lee el contexto de este pasaje. ¿Por qué crees que Josué les dijo «no podrán servir al Señor»?

_____

_____

_____

_____

> ¿Ante qué condiciones Dios se niega a perdonar la transgresión del pueblo?

_____

_____

_____

_____

Utiliza una concordancia o un buscador bíblico y escribe cinco instancias o referencias bíblicas distintas donde Dios «se niega a perdonar». Escribe las referencias seguidas de una breve descripción. Luego escribe tu conclusión.

> 1._____ _____
>
> 2._____ _____

3._____ _____

4._____ _____

5._____ _____

Conclusión / resumen:

_____

_____

_____

_____

DÍA 2

Ezequiel 39:25 (NBLA):

«Por tanto, así dice el Señor Dios: Ahora _____ el bien-estar de Jacob, y _____ de toda la casa de Israel, y me _____ celoso de Mi santo nombre».

En este pasaje, ¿qué acciones realiza Dios movido por el celo de Su nombre? _____

_____

Nahúm 1:2 (NBLA):

«Dios _____ y _____ es el Señor; _____ es el Señor e _____. El Señor se venga de Sus adversarios, y _____ a Sus enemigos».

La profecía de Nahúm tiene lugar por lo menos 100 años después de la profecía de Jonás. Es destinada al mismo pueblo conocido por su crueldad contra los enemigos y que, además, era el mayor poder político y militar en su tiempo: los asirios. A diferencia de la respuesta a la predicación de Jonás, en esta ocasión los asirios no se arrepintieron y fueron posteriormente destruidos.

Lee el contexto del libro de Nahúm. Escribe algunas de las características de la denuncia de Dios por la cual Él se revela como celoso. Nota que el Señor habla en la Biblia con lenguaje antropomórfico, es decir, un lenguaje humano para expresar una emoción divina que nuestra mente está limitada para comprender. Recordemos que «Dios no es autor de pecado». Por tanto, debemos entender que ninguna decisión ni emoción expresa que Dios comete pecado. El Altísimo es completamente santo y, por ello, todo lo que Él expresa o hace es puro. Debemos entender que dichas expresiones buscan mostrarnos un punto de referencia de lo que Dios revela. Piensa una vez más, Dios no solo presenta los celos como algo que él «siente», sino que también se autodefine como Dios celoso. Esto indica que en Dios mismo esta no es una característica contradictoria.

Lee todo el libro de Nahúm, te tomará unos siete minutos. Luego de leer, registra las denuncias de pecado que Dios hace y en las cuales el Dios celoso y vengador se revela. ¿Cómo se describe Dios?

¿Cuáles son las acciones o actitudes que Dios denuncia y que han provocado Su celo?

_____

_____

_____

_____

_____

Jesús demostró el celo de Dios mientras caminó en esta tierra. Dos veces echó a todos fuera del templo. La primera ocasión se encuentra en Juan 2:15, cuando limpió el templo antes de comenzar Su ministerio sacerdotal. En el versículo 17 leemos: «Sus discípulos se acordaron de que estaba escrito: EL CELO POR TU CASA ME CONSUMIRÁ». La segunda purificación del templo acontece justo antes de presentarse como el sacrificio por los pecados, en Mateo 21:12-13.

Lee los pasajes anteriores: Mateo 2:12-13 y Juan 2:15-17. Describe cómo el celo de Jesús se encendió. ¿Cuál era la situación espiritual del pueblo? Con la ayuda de un diccionario bíblico, busca las limpiezas del templo hechas por Jesús como evento. Utiliza herramientas electrónicas o un diccionario bíblico y anota tus observaciones.

_____

_____

_____

_____

_____

_____

Hay otro evento en que Su reacción ante la idolatría demostró Su celo. En Mateo 4 el diablo lo tentó tres veces. En las primeras dos tentaciones Su respuesta fue citar la Escritura. Con la tercera, el diablo claramente pidió ser adorado. Aunque Su contestación también fue la Palabra, vemos la molestia expresada en Mateo 4:10 (NBLA): «¡Vete, Satanás! Porque escrito está: "AL SEÑOR TU DIOS ADORARÁS, Y SOLO A ÉL SERVIRÁS"». Como es dueño de todo (Sal. 24:1), el celo demostrado en Su respuesta no fue por la petición, evidencia la pasión que Dios tiene por la adoración.

Jesucristo, la segunda persona de la Trinidad, tiene un celo tal por Su iglesia que se ofreció a sí mismo para pagar nuestra deuda. Esa es una clara demostración de la anchura, la longitud, la altura y la profundidad del amor de Cristo por la humanidad (Ef. 3:18). Jesucristo es nuestro *Qanna*.

El apóstol Pablo utiliza el término para mostrar cómo el pueblo de Dios se identifica con Él y en qué circunstancias se replica esta característica.

En Hechos 22:3 (NBLA), Pablo, al dar testimonio de su conversión, escribió: «Yo soy judío, nacido en Tarso de Cilicia, pero criado en esta ciudad, educado bajo Gamaliel en estricta conformidad a la ley de nuestros padres, siendo *tan* _____ como todos ustedes lo son hoy». ¿Qué pecados cometió Pablo antes de su conversión impulsado por lo que él consideraba «celo de Dios»?

_____

_____

_____

_____

_____

2 Corintios 11:2 (NBLA):

«Porque _____

con _____; pues los desposé a un esposo

para presentarlos *como* virgen pura a Cristo». ¿Qué quiere decir Pablo con esto? Resume en palabras sencillas el argumento de Pablo en el contexto de 2 Corintios 11. ¿A qué se refería con sus palabras?

_____

_____

_____

_____

Así como Dios es celoso de Su Iglesia, el pueblo del Señor debe ser celoso por Su nombre y Su Iglesia. Este celo no se enfoca en tratar a la congregación ni a las ovejas de Cristo como propiedad privada. No es el tipo de celos que prohíbe compartir con creyentes de otras iglesias ni que solicita pedir permiso para relacionarse por miedo a perder a los miembros de la congregación. Ese no es un celo bíblico. El celo de Dios no quiere ver tu vida ligada por el mundo ni esclavizada al pecado. Apunta a Dios y no a deseos personales de poder ni control.

Cuando entendemos el significado de este nombre en su idioma original, ¿cómo esto nos ayuda a vivir mejor hoy?

_____

_____

_____

_____

_____

¿Qué revela «el Señor es Dios celoso» por medio de los eventos que tenían lugar cuando el Señor lo utilizó?

_____

_____

_____

_____

¿Cómo puedo entender correctamente al «Señor Dios celoso» a la luz de su contexto en los pasajes estudiados?

_____

_____

_____

_____

_____

_____

¿Qué entendí más claramente de los eventos donde Dios usó este nombre? Explica ¿por qué?

_____

_____

_____

_____

_____

_____

¿Qué quiere Dios que yo entienda o piense sobre Él como «el Señor Dios celoso»?

_____

_____

_____

_____

_____

_____

¿Conocer a Dios como «el Señor Dios celoso» aumenta mi confianza en Él?

_____

_____

_____

_____

_____

_____

¿Qué aprendemos de las reacciones de las personas en los acontecimientos leídos? Es decir, ¿qué aprendemos de su carácter, naturaleza, actitud, confianza, comportamiento, etc.?

_____

_____

_____

_____

_____

¿Cómo puedo cambiar mi vida para que otros vean esta cualidad de Dios en acción?

_____

_____

_____

_____

_____

Dedica un tiempo para orar por estas cosas.

DÍA 3
Jehová Sabbaoth
El Señor de los ejércitos
Introducción

Ya sea con *YAHVÉH* o con el plural *ELOHIM,* este nombre aparece 276 veces en el Antiguo Testamento. Vemos que se presenta en crecimiento progresivo:

- 3 veces en el Pentateuco
- 19 veces en los libros históricos
- 13 veces en los Salmos
- 139 veces en los profetas

En términos de referencia, aparece más porcentualmente en el libro de Zacarías, unas 46 veces en 14 capítulos. Se incluye en 81 ocasiones en Jeremías y en 60 en Isaías. En el Nuevo Testamento aparece 2 veces.

Este nombre se encuentra utilizado más que cualquier otro nombre, Dios es todopoderoso y soberano sobre todo. Eso incluye los ejércitos mundiales y los espirituales. Por la frecuencia en que se utiliza, es un nombre importante en la mente de Dios. A lo largo del Antiguo Testamento, observamos que Dios pelea y gana las batallas. El salmo 46 está dedicado al «SEÑOR de los ejércitos» y nos recuerda que Él es nuestro refugio y fortaleza, nuestro pronto auxilio en las tribulaciones. Como Dios es el capitán, es evidente que hay un ejército, aunque es común que no nos percatemos. Sin embargo, donde Eliseo oró al Señor para abrir los ojos de su siervo notamos: «que el monte estaba lleno de caballos y carros de fuego alrededor de Eliseo» (2 Rey. 6:17, NBLA).

Estudiemos el contexto del Antiguo Testamento.

¿Quiénes son los ejércitos en el Antiguo Testamento? ____

_____

_____

_____

_____

Cuando la Biblia se refiere a los ejércitos, según estos pasajes, ¿a quiénes se refiere? Explica tu respuesta.

Éxodo 6:26 _____

Éxodo 12:41 _____

Éxodo 12:51 _____

> ¿Por qué crees que se refiere a estas personas en esos términos militares? _____
>
> _____
>
> _____
>
> _____
>
> _____

Es interesante que el término *eklektos* o electos, que en el Nuevo Testamento se refiere a quienes conforman el pueblo de Dios, la Iglesia, es también utilizado como término militar. Así, los *eklektos* eran escogidos como aparece en Tito 1:1. Respetaban las siguientes características:

- Un comandante escogía de un grupo mayor.
- El que escogía no lo hacía por ninguna presión externa, compromiso previo ni razón aparente para favorecer a la persona escogida.
- El poder radicaba en quien escogía. El escogido no tenía ningún derecho. También encomendaba a los escogidos por su autoridad, de manera tal que no había espacio para perder la batalla porque descansaba en su propio poder, no en el de los elegidos.

1 Samuel 1:3

1 Samuel 17:45

En el libro de Josué, justo después de que el Señor partió el río Jordán para que el pueblo pasara en tierra seca, y antes de la batalla de Jericó, el pueblo celebró su primera Pascua en Canaán. Josué encuentra en el camino a un hombre con una espada desenvainada en la mano. Cuando le pregunta si él es de los nuestros o de los enemigos, el extraño se identifica como «el capitán del ejército del SEÑOR». Josué se postró en la tierra y lo saludó como su Señor. La respuesta fue: «Quítate las sandalias de tus pies, porque el lugar donde estás es santo» (Jos. 5:15, NBLA). Esto es precisamente lo que el ángel del Señor dijo a Moisés en la zarza ardiente en Éxodo 3, y añadió: «Yo soy el Dios de tu padre, el Dios de Abraham, el Dios de Isaac y el Dios de Jacob» (Ex. 3:6, NBLA). El ángel del Señor se presentó como una manifestación del Cristo preencarnado. La razón porque el lugar era santo es que Dios mismo, en la segunda persona de la Trinidad, estaba presente.

En la conquista de Canaán, Dios derrotó a 31 naciones para Su pueblo y le dio la victoria (Jos. 12). Dios venció a Goliat cuando David clamó a Jehová *Sabbaoth* (1 Sam. 17). Fue el mismo Señor quien le dio la victoria en sus batallas (2 Sam. 5:10). El Señor de los ejércitos le recordó a Zacarías: «"No por el poder ni por la fuerza, sino por mi Espíritu" — dice el SEÑOR de los ejércitos». (Zac. 4:6). Elías nombró al SEÑOR de los ejércitos antes de confrontar a Acab (1 Rey. 18:15). Cuando estaba escondido de Jezabel en una cueva, fue el mismo Dios de los ejércitos quien lo confrontó, luego lo alimentó y lo mandó de nuevo al monte de Horeb. Aun en tiempos de disciplina, cuando el pueblo pudiera haberse confundido y pensado que Dios no estaba en control, Él lo estaba. Un ejemplo de ello es cuando estaban a punto de ser invadidos por Babilonia y Jeremías les recordó 88 veces que el SEÑOR de los ejércitos estaba en control de todo y los acontecimientos vinieron por juicio.

Hay batallas que no son contra ejércitos. Son aquellas batallas imposibles de ganar en nuestro poder humano, El Señor es quien obtiene la victoria en ellas.

Lee Malaquías 1:10-14:
En los siguientes pasajes, ¿con cuáles otros atributos de Dios se relaciona este nombre?
Salmos 89:8 _____
_____

Salmos 24:10 _____

_____

Estudiemos brevemente el salmo 46:

Salmos 46:7,11: «El Señor de los ejércitos está con nosotros; Nuestro baluarte es el Dios de Jacob. *(Selah)*» (Sal. 46:7, NBLA).

- ¿A qué realidad mesiánica futura apunta o se refiere Salmos 48:8? _____
- ¿En cuáles otros pasajes de la Biblia vemos esto? _____

_____

«Como lo hemos oído, así *lo* hemos visto en la ciudad del Señor de los ejércitos, en la ciudad de nuestro Dios; Dios la afirmará para siempre *(Selah)*» (Sal. 48:8, NBLA).

Llena los espacios en blanco de Salmos 69:6.

«¡No se avergüencen _____los que en _____, oh Señor, Dios de los ejércitos! ¡No sean humillados _____ los _____, oh Dios de Israel!».

Recuerda que el SEÑOR de los ejércitos es una declaración de poder universal, ilimitado, que solo Dios tiene. El poder no radica en lo que se declara. Esas afirmaciones no cambian en nada a Dios, solo reconocen o apelan a algo que Él ya es y que ha sido eternamente.

En los siguientes versículos, ¿qué pide o declara el salmista sobre Dios? ¿Cómo se relacionan estas declaraciones con el poderío soberano y supremo que revela este nombre de Dios? Para responder esta interrogante, piensa en la perspectiva del autor y en las circunstancias que atraviesa. Escríbelo en tus palabras:

Salmos 69:6

_____

_____

Salmos 84:1

_____

_____

Salmos 84:3

_____

_____

Salmos 80:4

_____

_____

Salmos 84:8

_____

_____

Salmos 80:19

_____

_____

Escribe cómo aplicar bíblicamente los versículos anteriores a tu vida. Para ello, toma como base lo que vimos antes. _____

_____

_____

_____

En Salmos 84:12, ¿cuál es la consecuencia y quién es la persona que la recibe por creer en Dios como revela este nombre?

- Salmos 24:10 (NBLA): «¿Quién es este Rey de la gloria? El Señor de los ejércitos, Él es el Rey de la gloria» *(Selah)*. El *Selah* era un silencio o llamado a la meditación en una instrucción o afirmación. Este salmo llama a su audiencia a pensar en la pregunta y su respuesta sobre Dios inspirada por el Espíritu Santo. Este salmo inicia con un llamado universal a la atención, a la majestuosidad y al anuncio del que viene. Tiene un tono que avisa lo especial e inigualable de la persona de quien se hablará: Dios. Es un Dios grande, majestuoso y toda la tierra, todo lo que existe, es llamado a atender Su presentación y entrada.

- ¿Qué relación notas que tenía para el salmista la gloria de Dios y Su revelación como Señor de los ejércitos?

_____

_____

_____

_____

_____

- ¿Qué representaba esto para el rey David y para la nación judía en tiempos de su reinado?

_____

_____

_____

_____

- ¿Cuál podría haber sido la respuesta del pueblo y de su congregación?

_____

_____

_____

_____

Basados en Salmos 46, y sin olvidar el contexto, ¿qué significaba para el salmista? Los autores de este salmo son conocidos como los hijos de Coré. A pesar de no tener mucha información de trasfondo, encontramos otra referencia bíblica sobre los hijos de Coré en Números 26:11. En este pasaje se narra cómo Dios castigó a Coré, un líder de la tribu de Leví, por su rebelión. Sus descendientes no murieron. Como eran descendientes de Leví, habían sido escogidos por Dios para algún tipo de servicio en el templo, no necesariamente sacerdotal. Por tanto, estos hijos de Coré mencionados en Salmos podrían ser descendientes. ¡Qué historia de redención y reivindicación! La misericordia del Dios de los ejércitos, soberano para escoger y llamar a Su servicio a quien Él considere.

En los siguientes versículos, llena los espacios en blanco. Medita en cada una de estas observaciones y comenta cómo ves la aplicación personal en tu vida.

Salmos 46:7 (NBLA):

«El Señor de los ejércitos está con nosotros; Nuestro baluarte es el Dios de Jacob. *(Selah)*».

Salmos 48:8 (NBLA):

«Como lo hemos oído, así *lo* hemos visto En la ciudad del Señor de los ejércitos, en la ciudad de nuestro Dios; Dios la afirmará para siempre. *(Selah)*».

¿Qué o a quién representa esta ciudad? _____

_____

¿Cómo vemos esto cumplido si Dios mismo prometió que Jerusalén sería destruida como castigo y juicio del pecado del pueblo al romper el pacto? _____

_____

_____

_____

_____

¿Cómo le explicarías esto a un nuevo creyente? _____

_____

_____

_____

_____

Salmos 59:5 (NBLA):

«Tú, Señor, Dios de los ejércitos, Dios de Israel, Despierta para castigar a todas las naciones; No tengas piedad de ningún malvado traidor.

(Selah)». Nosotras también hemos traicionado a Dios como el resto de la humanidad. Si no fuera por Cristo, estaríamos en la misma posición. Después de pensar en esto, ¿cómo responderías a este salmo?

Lee nuevamente en contexto los siguientes pasajes: Salmos 69:6; 80:4; 80:19; 84:1,3,8,12; 89:8 y escribe en tus palabras tus observaciones y tu meditación personal. Piensa en la actitud que muestran estos salmos y cómo la reverencia y la humildad que inspira el dirigirnos al Señor de los ejércitos debiera cambiar la forma en que nos dirigimos a Dios y oramos. Lee los siguientes pasajes:

1. Salmos 69:6
2. Salmos 80:4
3. Salmos 80:19
4. Salmos 84:1
5. Salmos 84:3
6. Salmos 84:8
7. Salmos 84:12
8. Salmos 89:8

DÍA 4

Su uso es interesante en el Nuevo Testamento:

Romanos 9:29 (NBLA):

«Y como Isaías predijo: "Si el Señor de los ejércitos no nos hubiera dejado descendencia, hubiéramos llegado a ser como Sodoma, y hechos semejantes a Gomorra"».

Santiago 5:4 (NBLA):

«Miren, el jornal de los obreros que han segado sus campos *y* que ha sido retenido por ustedes, clama *contra ustedes*. El clamor de los segadores ha llegado a los oídos del Señor de los ejércitos».

En la visión que Isaías tuvo donde la orla de Su manto llenaba el templo (Isa. 6:3) podemos ver la gloria del Señor de los ejércitos. Pablo nos explica en 2 Tesalonicenses 1 que Él volverá con Su ejército en llama de fuego para castigar aquellos que no lo conocen y desobedecieron el evangelio, pero los creyentes verán Su gloria.

Jesús es nuestro defensor, quien pelea nuestras batallas. No hay nada que Él no conozca ni que no puede hacer. Él gana nuestras guerras, no hay ningún enemigo que Él no pueda derrotar. Él es nuestro refugio en tiempos de necesidad y es quien volverá en los tiempos finales para derrotar a Sus enemigos (Zac. 14:5). Un día lo veremos como el capitán cuando vuelva con Su ejército como Rey de reyes y Señor de Señores (Apoc. 19).

Vemos el ejército de Dios en el libro de Apocalipsis. Él tiene un gobierno establecido sobre todo antes de ser creado. Reclama un reino que le pertenece y, a lo largo de la historia, Él tiene ejércitos, pueblos que actúan en favor de SU PROPÓSITO. Dios utilizó ejércitos de los enemigos de Israel para traer juicio a Su pueblo. Juzgó, a su vez, a quienes hirieron y fueron injustos con Su pueblo y se aprovecharon del juicio que Él traía sobre ellos. De igual forma, no niega la responsabilidad de los participantes. Tal como sucedió con los que intervinieron en la muerte de Su Hijo. Aunque Dios usó al ejército romano y a los líderes judíos en la muerte de Jesús, eso no los eximía de su responsabilidad. «Uno no sabe para quién trabaja», afirma un dicho latino. Sin embargo, lo que el ser humano piensa para mal Dios lo usa para bien. Toda autoridad terrenal está a Su merced.

Nunca entenderemos completamente cómo Dios trabaja a través de Sus ejércitos. Lo que sí sabemos es:

- SU PROPÓSITO ES SANTO.
- SU PROPÓSITO ES JUSTO.
- SU USO DE LOS EJÉRCITOS APORTA AL PROPÓSITO SOBERANO DE DIOS.
- LOS EJÉRCITOS RESPONDEN A ÉL.
- EN UNA GUERRA, LOS QUE ABUSAN DEL PODER MÁS ALLÁ DE SU PROPÓSITO, SON TAMBIÉN JUZGADOS. DIOS JUZGA EL COMPORTAMIENTO Y LAS ACCIONES DE SUS EJÉRCITOS.

Explica ¿por qué?

_____

_____

_____

_____

_____

_____

DÍA 5

Resumen Sabbaoth y Qanna

¿Qué quiere Dios que yo entienda o piense sobre Él en relación con estos nombres?

SABBAOTH

_____

_____

_____

_____

QANNA

_____

_____

_____

_____

¿Estos nombres aumentan mi confianza en Él?

_____

_____

_____

_____

¿Qué aprendemos sobre las reacciones de las personas en los acontecimientos leídos? Es decir, ¿qué aprendemos de su carácter, naturaleza, actitud, confianza, comportamiento, etc.?

_____

_____

_____

_____

¿Hay similitudes en mis acciones?

_____

_____

_____

_____

¿Qué me enseña este nombre sobre quién soy a la luz de quién es Dios?

_____

_____

_____

_____

Busca en un diccionario de la Biblia la expresión «unión con Cristo». ¿Qué significa para ti estar unida eternamente al Dios eterno a través de la obra salvadora y preservadora de Cristo por Su Espíritu Santo?

_____

_____

_____

_____

Lee Juan 14:20; 1 Corintios 1:30 y 2 Corintios 13:5. Escribe tus comentarios.

_____

_____

_____

¿Qué me enseña este nombre sobre cómo debo vivir a la luz de quién es Dios y quién soy yo?

_____

_____

_____

¿Qué nos enseña este nombre de cómo se supone que debemos relacionarnos con Dios?

_____

_____

_____

_____

¿Conozco a Dios en mi propia vida en relación con el entendimiento de que Él está aquí, en mi vida, permanentemente?

_____

_____

_____

_____

Semana 12

Jehová raah

El Señor es mi pastor

Dios es identificado tanto por quién Él dice ser como por el modo en que se revela. Además, Él escoge revelarse a través de Sus acciones. Lee y escribe en una frase qué evento tenía lugar en ese contexto y quiénes eran los personajes principales que intervienen:

Génesis 48:15
EVENTO:

_____

PERSONAJES:

_____

_____

_____

_____

Génesis 49:24
EVENTO:

_____

PERSONAJES:

_____

_____

_____

_____

Salmos 23:1
EVENTO:

_____

PERSONAJES:

_____

_____

_____

Salmos 80:1
EVENTO:

_____

PERSONAJES:

_____

_____

_____

_____

Salmos 23:1-6 (NBLA):

«El Señor _____ me faltará. En *luga-*
res de verdes pastos _____ _____ _____;
junto a aguas de reposo me _____. _____
restaura mi alma; me guía por senderos de justicia _____
_____. Aunque pase por el valle de som-
bra de muerte, no temeré mal alguno, porque tú estás conmigo; tu
vara y Tu cayado me infunden aliento. Tú preparas mesa delante
de mí en presencia de mis _____; has ungido
mi cabeza con aceite; _____ está rebo-
sando. _____ el _____ y la _____
_____ me seguirán todos los días de mi vida,
_____ moraré por largos días».

Escribe, ¿qué piensas que el autor deseaba enseñarnos con cada una de
las palabras o frases anteriores que completan los espacios en blanco?
Escribe el significado de cada una:

_____

_____

_____

_____

_____

¿Quiénes son los enemigos a los que se refiere este salmo?
Lee 1 Corintios 15:24-27.

_____

_____

_____

_____

Sabemos que Jehová es el «Yo soy», es autosuficiente, Él siempre ha existido, existirá y se revela sin cesar. Cuando lo combinamos con *raah,* es aquel que alimenta o lleva a Su rebaño al pasto (Ezeq. 34:11-15), pero también aporta el sentido de amigo o compañero. Este pastor es alguien que tiene una relación íntima con Su rebaño (Isa. 40:11). Jesucristo es quien nos llama amigos (Juan 15:15). Quien lidera necesita tener más que vista física, precisa de la capacidad de ver lo que viene para proteger su oveja. Dios es el único que sabe todo (Sal. 139) y Jesús afirmó: «Yo y el Padre somos uno» (Juan 10:30, NBLA).

Nada nos faltará porque Él tiene la capacidad y la disposición para proveer lo que necesitamos (Fil. 4:19). Él nos lleva junto a aguas de reposo porque dará fuerzas a Su pueblo y lo bendecirá con Su paz (Sal. 29:11). Jesús es el «Príncipe de Paz» (Isa. 9:6). Él restaura nuestra alma y nos guía por senderos de justicia. Al vivir en un mundo caído, donde el príncipe es Satanás (Ef. 2:2), y su anhelo es destruir (Juan 10:10), necesitamos un pastor con la disposición de enfrentar el peligro y con la capacidad de proteger. Él es el único que puede (Apoc. 19:6). Nuestro mundo está lleno de pecado y produce heridas y dolor. Sin embargo, nuestro Buen Pastor trae descanso para nuestras almas (Mat. 11:28) al guiarnos por Su justicia. ¿Quién es el único que es justo? Dios (Luc. 18:19). El único nombre en que podemos confiar es «el nombre que es sobre todo nombre» (Fil. 2:9, NBLA).

Para pasar por el valle de sombra de muerte sin miedo es necesario que nuestros pecados hayan sido perdonados, porque después de la muerte hay juicio (Heb. 9:27) y nuestro juez es Jesucristo (Juan 5:22). Su vara y Su cayado nos infundirán aliento al hacernos morada del Espíritu Santo enviado por nuestro Señor. Tony Evans, un conocido pastor y autor cristiano, señala lo siguiente:

«Algunos de nosotros hemos confiado en el Señor para librarnos del fuego del infierno, pero no estamos seguros de que pueda llevarnos a casa a salvo. Creemos en Él para la eternidad, pero no tenemos mucha fe en su control sobre la historia. Conocemos que nos llevará al cielo, pero no estamos seguros de que nos respalda en la tierra». Una triste realidad para muchos creyentes.

Él ha preparado una mesa abundante para Sus hijos (Isa. 25:6). En ella nuestra copa rebosa. No es solo que nada nos falta, sino también que Su provisión es abundante (Juan 10:10).

En Salmos 28:9 (NBLA) el salmista pide a Dios que salve a Su pueblo y lo pastoree. Además, agrega: «llévalos *en Tus brazos* para siempre». Esta imagen es impresionante. En ocasiones leemos la Biblia y pasamos por encima las imágenes con que Dios se describe a sí mismo y Su relación con el ser humano. David había sido pastor de ovejas y luego un líder y pastor de los oprimidos y los rechazados; quienes estuvieron con él mientras escapaba de Saúl, más de 400 personas a su cargo. La Biblia lo describe como «muchos otros que estaban en apuros, cargados de deudas o amargados» (1 Sam. 22:2, NVI). Tenía la responsabilidad de cuidar y proveer sustento para, por lo menos, 400 hombres. Estos eran, más bien, ¡un grupo con un bagaje de dificultades! Él entendía lo que era ser pastoreado o cuidado en tiempos inciertos y difíciles. También sabía lo que era cuidar de otros, porque él mismo recibía ese cuidado de Dios. Sus seguidores tenían un pastor mayor que David mismo. Él podía descansar en que, aun en sus fuerzas y recursos limitados, Dios era realmente Su pastor. Al conocer ese contexto, esta oración adquiere mayor significado. David sabía cómo entregar sus cargas y responsabilidades y ponerlas en las únicas manos seguras, no en las propias, sino en las de Dios.

Detente por un momento a pensar y meditar en cada sección de este versículo y en cómo se aplica a tu vida, a una situación actual que atravieses.

DÍA 1

Los pastores rompían las patas de sus ovejas descarriadas. Es una escena dolorosa, pero necesaria. El pastor dormía en la puerta del sitio donde guardaban el rebaño, se acostaba transversal para que nadie pudiera acceder al rebaño sin antes pasar por él y tener su aprobación.

En una ocasión, Dios usó a un pastor en Singapur para indicarme un detalle que no había notado. Yo estaba en un tiempo de particular cansancio físico y espiritual. Estaba exhausta y al borde del desgaste. Dios, el pastor, es quien me hace descansar. A veces ese descanso es impuesto por Él y no por nuestra obediencia a la invitación ni al mandato de descansar.

El campo misionero puede «pasar factura» por años de cambios, horas sin dormir, viajes, cambio de agua e hidratación que provocan distintas enfermedades, etc. La necesidad física y espiritual puede llevarnos a un cansancio espiritual. Esto sucede cuando olvidamos que ningún ministro del evangelio ni ningún creyente es el Salvador ni el cuidador de los que aún no son suyos, de los recién convertidos ni de aquellos que ya son suyos. Él es SU pastor. Salmos 23:2 (NBLA) expresa: «me hace descansar». El acto de descanso para las ovejas no siempre es voluntario, sino un mandato o una imposición necesaria del pastor por el bien de la oveja.

La Biblia afirma que «las misericordias del SEÑOR […] son nuevas cada mañana» (Lam. 3:22-23, NBLA). Él es el «Buen Pastor», por eso, «el bien y la misericordia me seguirán todos los días de mi vida» (Sal. 23:6, NBLA). Nuestro Pastor pagó el valor de nuestra deuda. Él es eterno, moraremos en Su casa eternamente. Cristo es nuestro Jehová *Raah* predicho en el Antiguo Testamento y cumplido en el Nuevo Testamento. Él es «el buen pastor [que] da su vida por las ovejas» (Juan 10:11).

¿Cómo estás en el área del descanso? _____

_____

_____

_____

¿Qué te dificulta dormir? Haz un listado de tus preocu-
paciones. _____
_____
_____
_____
_____

¿Qué tendría que pasar para que entiendas tus límites?
¿Qué tipo de persona eres y cómo reaccionas cuando estás
cansada? _____
_____
_____
_____
_____

DÍA 2

En una ocasión sentí el inesperado impulso de llamar a un conocido que era pastor. De la nada surgió el deseo de llamarlo, a pesar de no tener ni su número. Cuando conversé con él, me di cuenta de que Dios me había movido a orar por él, por una situación familiar difícil que atravesaba.

Todo pastor terrenal necesita recordar que, en el sentido posesivo, nunca somos SUS ovejas, sino las del GRAN PASTOR. Ese día, ese hombre se compungió y me contó una situación difícil en que se encontraba. Oré con él, por él y por su familia mientras estaba al teléfono. Solo le recordé que él, antes de ser pastor, era oveja de Cristo. Necesitaba ser consolado por el Señor y pastoreado por el Buen Pastor. Muchos pastores fieles a Dios se encuentran cansados y agotados. Las ovejas, dentro de límites sanos, necesitamos recordarles que Cristo es su pastor. Esto no se basa en su trabajo ni en su propia justicia, sino en la obra de Cristo en cada ser humano, obra que aún no ha sido completada (Fil. 1:6).

¿Cómo se muestra este nombre por los eventos que tenían lugar cuando el Señor lo utilizó?

_____
_____
_____
_____
_____

¿Cómo puedo entender correctamente este nombre a la luz de su contexto en los pasajes donde se encuentra? _____

_____
_____
_____
_____
_____

¿El lugar donde Dios usó este nombre y los eventos que ocurrían en ese momento nos ayudan a entender mejor el significado del nombre? _____

_____

_____

_____

_____

Juan 1:1-10 (NBLA):

«En el principio *ya* existía el Verbo, y el Verbo estaba con Dios, y el Verbo era Dios. Él estaba en el principio con Dios. Todas las cosas fueron hechas por medio de Él, y sin Él nada de lo que ha sido hecho, fue hecho. En Él estaba la vida, y la vida era la Luz de los hombres. La Luz brilla en las tinieblas, y las tinieblas no la comprendieron.

Vino *al mundo* un hombre enviado por Dios, cuyo nombre era Juan. Este vino como testigo para testificar de la Luz, a fin de que todos creyeran por medio de él. No era él la Luz, sino *que vino* para dar testimonio de la Luz. Existía la Luz verdadera que, al venir al mundo, alumbra a todo hombre. Él estaba en el mundo, y el mundo fue hecho por medio de Él, y el mundo no lo conoció».

Explica ¿por qué? _____

_____

_____

_____

_____

¿Qué quiere Dios que yo entienda o piense sobre Él en relación con este nombre?

_____

_____

_____

_____

¿Qué me enseña este nombre sobre quién soy a la luz de
quién es Dios?

_____

_____

_____

_____

¿Qué nos enseña este nombre de cómo debemos relacionarnos con Dios?

_____

_____

_____

_____

¿Conozco a Dios en mi propia vida en relación con la verdad que este nombre manifiesta?

_____

_____

_____

_____

¿Cómo puedo cambiar mi vida para que otros vean esta
cualidad de Dios en acción?

_____

_____

_____

_____

Toma un tiempo y piensa en tres pastores por los cuales te comprometerás a orar. ¿Cómo orarás por ellos?

_____

_____

_____

_____

Reflexiona en los siguientes versículos:

Hebreos 13:17 (RVR1960):

«Obedeced a _____, y sujetaos a ellos; porque _____ por vuestras almas, como quienes _____ _____; para que lo hagan con alegría, y _____, porque esto no os es provechoso».

1 Tesalonicenses 5:12-13 (RVR1960):

«Os rogamos, hermanos, que _____ a los que trabajan entre vosotros, y _____ en el Señor, y _____ _____; y que los _____ y amor por causa de su obra. Tened paz entre vosotros».

1 Timoteo 5:17 (RVR1960):

«Los ancianos _____, sean tenidos por dignos de doble honor, mayormente los que trabajan en _____ y _____».

Jeremías 3:15 (RVR1960):

«Y os daré _____, que os apacienten con _____ y con inteligencia».

Nota que en Efesios 4:11 (RVR1960) leemos: «Y él mismo constituyó a unos, apóstoles; a otros, profetas; a otros, evangelistas; a otros, pastores y maestros». Este listado no es una jerarquía, como muchos han querido suponer. Tampoco revela cómo la iglesia primitiva se organizó. ¿Cómo sabemos esto? En todas las cartas a las iglesias observamos que los apóstoles, aun los escribientes, enviaban las epístolas y encomendaban el cuidado de las ovejas a los pastores locales, no se iban por encima de ellos. Incluso en sus instrucciones apostólicas, no estaban por encima del gobierno de la iglesia local, del pastor ni de los diáconos, que son los oficios que observamos a nivel organizacional en la iglesia local.

Pablo se sometía a la guía de su iglesia local. ¿Quiénes enviaron a los apóstoles en cada una de estas ocasiones?

Hechos 13:1-3 _____

Hechos 17:10 _____

Hechos 17:14 _____

DÍA 3

Como notamos en estas instancias, Pablo y Bernabé se sometían a su iglesia local, a sus hermanos y a otros líderes de la iglesia. A pesar de ser líderes y tener autoridad dada por Dios, no usaban esa autoridad para colocarse por encima de sus hermanos, ni para evitar ser cuestionados. Vemos que actúan y se constituyen en ejemplos de mansedumbre y humildad al imitar a Cristo (Mat. 11:29; Juan 5:17-30; 12:49).

¿Cuáles características específicas del Buen Pastor deben ser imitadas según estos pasajes? Elabora un listado con todas las que identifiques.

1. Mateo 11:29
2. Juan 5:17
3. Juan 5:19
4. Juan 5:30
5. Juan 5:31-32
6. Juan 5:41

En la parábola del Buen Pastor no debemos alegorizar, es decir, añadir significado simbólico a cada palabra. Al conocer la idea central: Jesús como EL BUEN PASTOR (único, incomparable e inigualable). ¿Qué características deberían tener los pastores terrenales del pueblo de Dios? Piensa en todos los pasajes vistos hasta ahora donde aparece este nombre.

¿Qué advertencias da Jesús (o qué cosas NO debemos hacer) en los siguientes pasajes que nos instruyen en cómo seguir adecuadamente al Buen Pastor?

1. Juan 7:39
2. Juan 7:43
3. Juan 7:44

¿Qué podemos aprender y cómo se aplica esto a la Iglesia hoy?

_____

_____

_____

_____

_____

_____

¿Qué mandatos y promesas vemos que el Buen Pastor entrega, en distintas instancias bíblicas, a quienes Él ha llamado? Llena el espacio en blanco con el mandato o la promesa para cada cita. También marca con una X si es un mandato o una promesa.

	Mandato	Promesa
Deuteronomio 31:6-8		
Josué 1:9		
Isaías 41:10		
Mateo 10:29-31		
Lucas 12:32		
Filipenses 4:6		
1 Pedro 5:7		
2 Timoteo 1:7		
Salmos 27:1		
Hebreos 13:6		

2 Timoteo 4:2 (RVR1960):
«Que prediques la palabra; que instes a tiempo y fuera de tiempo; redarguye, reprende, exhorta con toda paciencia y doctrina».

2 Timoteo 2:15 (RVR1960):
«Procura con diligencia presentarte a Dios aprobado, como obrero que no tiene de qué avergonzarse, que usa bien la palabra de verdad».

Cuando entendemos el significado de este nombre en su contexto original, ¿cómo esto nos ayuda a vivir mejor hoy?

_____

_____

_____

_____

_____

Parte de estos últimos dos pasajes y responde: ¿cómo piensas que Dios te llama a dirigir a otros al Buen Pastor? Esto aplica a toda persona en tu vida, incluidos los hijos, los compañeros de trabajo, los empleados, los hermanos en la iglesia, los amigos inconversos, etc.

_____

_____

_____

_____

DÍA 4

Hagamos juntas un ejercicio de observación. Utiliza lápices de colores o símbolos para encontrar en el pasaje de Jeremías 23 que aparece abajo, las siguientes observaciones dentro del texto:

1. Personajes: grupos de personas o personas individuales.
2. Atributos de Dios, menciones de Dios o alusiones a Cristo.
3. Promesas de Dios.
4. Consecuencias: presta atención a los adverbios consecutivos (que indican una consecuencia de la idea anterior) «por esto», «por tanto», etc.
5. Acciones positivas o en favor de alguien.
6. Acciones negativas o en contra de alguien.
7. Mandatos.

Jeremías 23 (NBLA):

«¡Ay de los pastores que destruyen y dispersan las ovejas de Mis prados!», declara el Señor. Por tanto, así dice el Señor, Dios de Israel, acerca de los pastores que apacientan a Mi pueblo: "Ustedes han dispersado Mis ovejas y las han ahuyentado, y no se han ocupado de ellas. Por eso Yo me encargaré de ustedes por la maldad de sus obras", declara el Señor. "Yo mismo reuniré el remanente de Mis ovejas de todas las tierras adonde las he echado, y las haré volver a sus pastos; y crecerán y se multiplicarán. Pondré sobre ellas pastores que las apacentarán, y nunca más tendrán temor, ni se aterrarán, ni faltará ninguna de ellas", declara el Señor.
"Vienen días", declara el Señor,
"En que levantaré a David un Renuevo justo;
Y Él reinará *como* rey, actuará sabiamente,
Y practicará el derecho y la justicia en la tierra.
En sus días Judá será salvada,
E Israel morará seguro;
Y este es Su nombre por el cual será llamado:
'El Señor, justicia nuestra'.
«Por tanto, vienen días», declara el Señor, "cuando no dirán más: 'Vive el Señor, que hizo subir a los israelitas de la tierra de Egipto', sino: 'Vive el

Señor que hizo subir y trajo a los descendientes de la casa de Israel de la tierra del norte y de todas las tierras adonde los había echado'. Entonces habitarán en su propio suelo".

En cuanto a los profetas:
Quebrantado está mi corazón dentro de mí,
Tiemblan todos mis huesos;
Estoy como un ebrio,
Como un hombre a quien domina el vino,
Por causa del Señor
Y por causa de Sus santas palabras.
Porque la tierra está llena de adúlteros;
Porque a causa de la maldición se ha enlutado la tierra,
Se han secado los pastos del desierto.
Pues es mala la carrera de ellos
Y su poderío no es recto.
"Porque tanto el profeta como el sacerdote están corrompidos;
Aun en Mi casa he hallado su maldad", declara el Señor.
"Por tanto, su camino será para ellos como sendas resbaladizas;
Serán empujados a las tinieblas y en ellas caerán;
Porque traeré sobre ellos calamidad
En el año de su castigo", declara el Señor.
"Además, entre los profetas de Samaria he visto algo ofensivo:
Profetizaban en *nombre* de Baal y extraviaban a Mi pueblo Israel.
También entre los profetas de Jerusalén he visto algo horrible:
Cometían adulterio y andaban en mentiras;
Fortalecían las manos de los malhechores,
Sin convertirse ninguno de su maldad.
Todos ellos son para Mí como Sodoma,
Y sus habitantes como Gomorra.
Por tanto, así dice el Señor de los ejércitos acerca de los profetas:
'Voy a darles de comer ajenjo
Y hacerles que beban agua envenenada,
Porque de los profetas de Jerusalén
Ha salido la corrupción a todo el país'".
Así dice el Señor de los ejércitos:
"No escuchen las palabras de los profetas que les profetizan.
Ellos los conducen hacia lo vano;

Les cuentan las visiones de su propia fantasía,
No de la boca del Señor.
Dicen de continuo a los que me desprecian:
'El Señor ha dicho: 'Tendrán paz';
Y a todo el que anda en la terquedad de su corazón
Dicen: 'No vendrá calamidad sobre ustedes'.
Pero ¿quién ha estado en el consejo del Señor,
Y vio y oyó Su palabra?
¿Quién ha prestado atención a Su palabra y *la* ha escuchado?
La tempestad del Señor ha salido con furor,
Un torbellino impetuoso
Descargará sobre la cabeza de los impíos.
No se apartará la ira del Señor
Hasta que haya realizado y llevado a cabo los propósitos de Su corazón.
En los postreros días lo entenderán claramente.
Yo no envié a *esos* profetas,
Pero ellos corrieron;
No les hablé,
Mas ellos profetizaron.
Pero si ellos hubieran estado en Mi consejo,
Habrían hecho oír Mis palabras a Mi pueblo,
Y lo habrían hecho volver de su mal camino
Y de la maldad de sus obras.
¿Acaso soy Yo un Dios solo de cerca", declara el Señor,
"Y no un Dios de lejos?".
"¿Podrá alguien esconderse en escondites
De modo que Yo no lo vea?", declara el Señor.
"¿No lleno Yo los cielos y la tierra?", declara el Señor.
"He oído lo que dicen los profetas que profetizan mentira en Mi nombre, diciendo: '¡He tenido un sueño, he tenido un sueño!'. ¿Hasta cuándo? ¿Qué hay en los corazones de los profetas que profetizan la mentira, de los profetas *que proclaman* el engaño de su corazón, que tratan de que Mi pueblo se olvide de Mi nombre con los sueños que se cuentan unos a otros, tal como sus padres olvidaron Mi nombre a causa de Baal? El profeta que tenga un sueño, que cuente *su* sueño, pero el que tenga Mi palabra, que hable Mi palabra con fidelidad.

¿Qué tiene *que ver* la paja con el grano?", declara el SEÑOR. "¿No es Mi palabra como fuego", declara el SEÑOR, "y como martillo que despedaza la roca?".

"Por tanto, estoy contra los profetas", declara el SEÑOR, "que se roban Mis palabras el uno al otro. Estoy contra los profetas", declara el SEÑOR, "que usan sus lenguas y dicen: 'El Señor declara'. Estoy contra los que profetizan sueños falsos", declara el SEÑOR, "y los cuentan y hacen errar a Mi pueblo con sus mentiras y sus presunciones, cuando Yo no los envié ni les di órdenes, ni son de provecho alguno para este pueblo", declara el SEÑOR.

"Así que cuando te pregunte este pueblo, o el profeta, o un sacerdote: '¿Cuál es el oráculo del SEÑOR?', les dirás: '¿Cuál oráculo?'. El SEÑOR declara: 'Yo los abandonaré'. Y al profeta, al sacerdote o al pueblo que diga: 'Oráculo del SEÑOR', traeré castigo sobre tal hombre y sobre su casa. Así dirá cada uno a su prójimo y cada uno a su hermano: '¿Qué ha respondido el SEÑOR? ¿Qué ha hablado el SEÑOR?'. Y no se acordarán más del oráculo del SEÑOR, porque la palabra de cada uno le será por oráculo, pues han pervertido las palabras del Dios viviente, del SEÑOR de los ejércitos, nuestro Dios.

Jeremías, así dirás al profeta: '¿Qué te ha respondido el SEÑOR? ¿Qué ha hablado el SEÑOR?'. Pero si ustedes dicen: '¡Oráculo del SEÑOR!', entonces así dice el SEÑOR: "Por cuanto han dicho esta palabra: '¡Oráculo del SEÑOR!', habiendo Yo enviado a decirles: 'No digan: "¡Oráculo del SEÑOR!"'". Por tanto, ciertamente me olvidaré de ustedes y los echaré de Mi presencia, junto con la ciudad que les di a ustedes y a sus padres; y pondré sobre ustedes oprobio eterno y humillación eterna que nunca será olvidada».

¿Cómo se compara Dios y cómo es Su pueblo respecto a Él en los siguientes pasajes?

Ningún pastor puede clamar posesión sobre ninguna oveja de Cristo porque, al final, somos de Él. Si ni los hijos pertenecen a los padres, ¡cuánto más las ovejas serán SOLO de Cristo! En nuestro proceso de discipulado necesitamos recordar constantemente, a los discipulados con quienes caminamos, un par de lecciones:

1. Todo creyente es discípulo y oveja de Cristo. Todos somos pecadores redimidos que caminamos lado a lado con otros pecadores. Nadie está por encima.

2. Ningún líder cristiano ni ningún otro creyente ha derramado sangre por tu salvación, solo Cristo. Debemos honrar a nuestros pastores y líderes terrenales, pero nunca cegarnos ante sus pecados y faltas. Es preciso saber que ellos necesitan rendir cuentas a la iglesia y a Dios por su comportamiento y conocer que solo Dios es el GRAN PASTOR.

3. Todos daremos cuenta a Dios y seremos juzgados por lo que hemos hecho. Los pastores serán juzgados ante Dios de manera severa si no han sido fieles.

4. No confundamos dones con carácter. Alguien puede parecer un gran líder, pero Dios, el gran pastor, muestra ser santo y justo. En innumerables ocasiones seguimos líderes en la televisión o en YouTube por su carisma o porque nos gusta lo que dicen. Sin embargo, muchos no confrontan con las enseñanzas de la Biblia, sino solo con frases para retuitear, pero contrarias a la Escritura. Muchos nos llenan de mensajes positivistas en lugar de dirigirnos a la fuente de VERDAD, a la Palabra de Dios, a CRISTO, la palabra encarnada.

¿Cuál debe ser nuestra relación con nuestros pastores terrenales? Notemos que el mandato bíblico a someternos, incluye someternos los unos a los otros. Eso no significa que no analizaremos ni que nos someteremos ciegamente a enseñanzas no bíblicas o a guías pecaminosos. Más que eso, no nos sujetaremos al abuso espiritual que es tan común en Latinoamérica. Esto significa que nos someteremos en amor y en lo que es bíblico, al cuidado y la guía de pastores terrenales, que no son perfectos, pero que no poseen las características que, según la Biblia, descalifican a un pastor (1 Tim. 3:1-7; Tito 1:5-16).

Enumera las características de un pastor que Dios aprueba:

1 Timoteo 3:1-7	Tito 1:5-16

Parte de lo anterior y responde, según la Biblia, ¿cómo debemos relacionarnos con nuestros líderes o pastores terrenales? _____

_____

_____

_____

_____

DÍA 5

Cristo siempre será el pastor superior a todo pastor humano. Eso no significa que no nos someteremos a un humano porque no es perfecto. En cambio, la carrera del cristiano es corrida como Hebreos 12:1-3 nos instruye, con los ojos puestos en Jesús, el GRAN PASTOR DE LAS OVEJAS (Heb. 13:20-21). Al conocer esto:

¿Qué me enseña Dios a través de Su Palabra respecto al SEÑOR como mi pastor?

_____
_____
_____
_____
_____

Escribe una meditación de unas 150 palabras que resuma lo que crees que Dios te ha enseñado en este capítulo. Anota pasos específicos y prácticos de cambio que quieres implementar en tu forma de pensar y de vivir.

_____
_____
_____
_____
_____
_____
_____
_____
_____
_____

Cierra este tiempo en oración. Puedes escribirla si quieres.

Conclusión

El nombre del Señor es NOMBRE SOBRE TODO NOMBRE. Él hace todo por amor de Su nombre. Dios se ama a sí mismo perfectamente. Él no es un Dios narcisista, sino que reconoce que en sí mismo todo encuentra perfección y significado. El Omnipotente establece el estándar de carácter que debemos imitar, basados en que fuimos creados a Su imagen, en que Su voluntad es buena y en que seamos como Él.

Todo existe por Él, por medio de Él y para Él (Col. 1:16-19). En CRISTO vemos el clímax de la revelación de Dios al ser humano, el misterio de los siglos revelado con el fin de que la alabanza, el reconocimiento y la honra, que legítimamente y sin discusión le pertenecen a Él, le sean dados. Cristo es preeminente y Su persona, autosuficiente. Por eso, Él nos puede sostener. Nos ama, no porque nos necesite para sentirse completo, sino porque le place. Un Dios tan perfecto, eterno, bondadoso e inescrutable, que se deleita en llamar «criaturas redimidas», «hijos», «amigos», «hermanos» a pecadores, rebeldes y antiguos enemigos, es algo inaudito. Solo Él puede mostrar tan grande misericordia.

Aplicaciones finales

¿Qué significa *Tsidkenu?*: _____
_____

Escribe una aplicación personal de cómo conocer al
SEÑOR _____ debe reflejarse
en tu vida cristiana y transformarla.

_____
_____
_____
_____
_____

¿Qué significa el *Olam?*: _____
_____

Escribe una aplicación personal de cómo conocer al
SEÑOR _____ debe reflejarse en tu
vida cristiana y transformarla.

_____

_____

_____

_____

_____

¿Qué significa *Shammah?:* _____

_____

Escribe una aplicación personal de cómo conocer al SEÑOR
_____ presente en todo tiempo,
debe <u>reflejarse en</u> tu vida cristiana y transformarla.

_____

_____

_____

_____

_____

¿Qué significa *Mekkodishkem?:* _____

_____

Escribe una aplicación personal de cómo conocer al
SEÑOR _____ debe <u>reflejarse
en</u> tu vida cristiana y transformarla.

_____

_____

_____

_____

_____

¿Qué significa *Qanna?:* _____

_____

Escribe una aplicación personal de cómo la revelación y
el conocimiento del SEÑOR _____

_____ deben <u>reflejarse en</u> tu vida cristiana y transformarla.

_____

_____

_____

_____

_____

¿Qué significa *Sabbaoth?:* _____

_____

Escribe una aplicación personal de cómo la revelación y el conocimiento del SEÑOR _____
_____deben <u>reflejarse en</u> tu vida cristiana y transformarla.

_____

_____

_____

_____

_____

¿Qué significa *Raah?:*_____

_____

Escribe una aplicación personal de cómo la revelación y el conocimiento del SEÑOR _____
_____deben <u>reflejarse en</u> tu vida cristiana transformarla.

_____

_____

_____

_____

_____

¿Qué significa *Nissi?*: _____

_____

Escribe una aplicación personal de cómo la revelación y el conocimiento del SEÑOR _____ _____deben reflejarse en tu vida cristiana y transformarla.

_____

_____

_____

_____

_____

Bibliografía

Carson, D. A. *The God who is There*. (Grand Rapids, MI: Baker Books, 2010).

Henry, Matthew, *Comentario Bíblico Matthew Henry*, accesado septiembre 2020, https://www.bibliatodo.com/comentario-biblico/version/matthew-henry

Los 15 mejores diccionarios de español online y gratis, accesado diciembre 23, 2020: https://lostraductores.es/blog/diccionarios/mejores-diccionarios-espanol-online-gratis/

Evans, Tony, *The Power of God's Names* [El poder de los nombres de Dios]. https://www.scribd.com/read/263773193/The-Power-of-God-s-Names#

Strong's Concordance, Biblehub, referencia H7067, accesado diciembre 28, 2020, https://biblehub.com/hebrew/7067.htm

TWOT, *Theological Wordbook of the Old Testament* [Libro de palabras teológicas del Antiguo Testamento]

Schaeffer, Francis. *The God Who is There*. (Sept. 1998). https://www.amazon.com/God-Who-There-Francis-Schaeffer/dp/0830819479